はじめに

ノートを使って、思考を整理する！

1冊のノートと1本のペンで十分！

　本書を手に取っていただき、本当にありがとうございます。

　はじめに告白しておきます。本書は執筆のオファーが来たときから、正直言ってあまり書きたくありませんでした。なぜなら、私の頭の中身を丸裸にしてしまうからです。

　私は「思考の整理家®」という肩書で、思考をシンプルに整理することで成果を得る方法を企業や個人に教えています。この活動は起業後、23年近く続いていますが、はじめの約5年間は生活もままならないほどの超低空飛行でした。世のエリートに嫉妬しながらも、仕事、お金、生活の不安など、自らのネガティブな思考にマウンティングされていたのです。

　ところが、もがき苦しむ中、いつの日か「**ノートで思考を整理すれば、問題の9割が解決している**」ことに気づきました。それ以来、上場企業や各界リーダーの人材育成トレーナーとして、またコンサルタントとして本を出すまでに人生が急上昇したのです。

　つまり、本書を書くことで、自分が悪戦苦闘した恥ずかしい過去の"思考の整理過程"がバレてしまうわけです。唯一救いなのは、恥ずかしくない側面も少しだけあったことでしょう。

　さて、世間は、コロナ禍を経て変化した社会や予期しない天災などの影響、またグローバル化とAI社会の中で時代のスピードも加速する一方と、環境の変化がとても激しくなっています。そんな状況に振り回され、悩み、苦しんでいる人も多いことでしょう。

　そこで本書では、ノートを使って脳内をスッキリさせ、仕事や人生の悩みを解決する方法を示しました。

- 考えごとが多くてゴチャゴチャになった頭をスッキリさせたい
- 目標が達成できない
- 提案書やプレゼンがうまくまとまらない
- 問題解決するためのアイデアが出てこない
- 先が見えない時代に、生きる指針を明確にしたい
- 「悩みは書き出せばいい」と聞くけど、やり方がわからない

　このような問題の解決には、**1冊のノートと1本のペンがあれば十分**です。詳しくはCHAPTER 1～7で紹介しますが、コストにしてたった数百円で人生が変わるのであれば、これほど安い投資はありません。私も数百円の投資だけで超低空飛行時代を脱出できましたから、その効果には自信があります。

「進路に悩み、この先、どうすればいいのか？と悶々としていた」
「せっかく目標を決めたのに、行動に踏み切れず停滞していた」
「忙しくて自分を見失い、立ち止まった」
「問題が発生して、不安とストレスでなかなか眠れなかった」
「伝えたいことがうまく伝わらず、仕事を進められなかった」

　これまで、数々の試練が毎日のように降りか

ノートは、記録のためではなく、思考を整理し、自分なりの正解を考え出すための武器である。

かってきました。そんなとき、ノートを開いて無心で書き込んでいると、試練を乗り越えるツタがスルスルと天から伸びてくるように、一筋の解決策の光が毎回見つかるのです。

そして、**ノートを使って試練を乗り越えていくプロセス**は、私の独自のメソッドとして確立しました。以来、私のストレスは激減し、今度は困っている方々を、ノートを使った脳内整理によってサポートするようになったのです。

本書も、こうしたいきさつから誕生しました。では、そのメソッドの基本である「書くこと」にまつわるポイントを紹介しましょう。

書くことで自分だけの正解を作る

あなたは、何のためにノートを使いますか？「キレイにノートをとれた」という満足感が欲しいから？　「いつかこの情報を使うかも」と記録漏れの不安を解消するため？　ノートをとることでインプットされた知識が豊富になるから？

私には明確な目的があります。それは、**「思考を整理するため」**です。インプットし、記録するだけであれば、スマホやPCで十分でしょう。現在は、放っておいても画面から大量に情報が飛び込んでくる常時接続時代ですから、インプットの作業そのものに価値はありません。

大切なのは、**インプットした情報を「ノートで整理」して「自分なりの考えを持つこと」**です。ノートは、デジタルツールに比べて書く自由度が高く、思考を深めやすいメリットがあります。**「自分なりの正解を作るツール」**として、**ノートが存在している**のです。

コロナ禍をきっかけに社会全体のデジタル化がさらに加速し、仕事もより多忙になっているように思えます。「情報過多」「仕事の多忙化」は、自分自身を見失うリスクがあります。本当

に大切な情報がわからない、どの仕事に集中すればいいのかわからない、といった状態では、「周りの情報に流される」「忙しいだけで次を考える余裕がない」といったことが起こります。

つまり、情報や仕事内容をインプットし、キレイなノートを作ることに注力しても、それだけでは何の価値も生み出しません。

仕事ができる人は、**ノートをとることで「思考を整理」**し、何が自分にとって正解なのかを考える習慣を持っています。そのため、世間や仕事中に発生するノイズに邪魔されず、「成果を勝ち取るスピードが速い」のです。

「ノートは、記録のため（インプット）ではなく、思考を整理し、自分なりの正解を考え出すため（アウトプット）の武器である」。これが、本書のコンセプトです。"武器としてのノート術"を獲得することは、混迷する時代を生き抜く必須スキルとなります。

ノートに書けば、脳内が整理される

どれだけ優秀な人でも、先が見えない複雑化した時代に、**脳内だけで適切なアウトプットをすること**は容易ではありません。脳内は、目に見えないからです。人は目に見えないものには、必要以上に恐怖を感じ、悲観的になることもあります。特に問題やトラブルが発生したときなどは顕著です。

だから、ノートに書き出し、落ち着いた気持ちで適切なアウトプットを心がけます。これを**「ブレインダンピング」**と言います。「brain（脳）の中をdump（捨てる）」の意味で、**脳内の情報を外に出すことで整理しやすくする**のです。

ノートを使ったブレインダンピングで、脳内整理が有効とされる理由は次の３つです。

① マインドフルネス

グーグルやマッキンゼーといった世界的有名企業も研修に取り入れている「マインドフルネス（今この瞬間に集中する技術）」の1つに、「ジャーナリング（書く瞑想）」があります。

頭の中にあることを紙に書き出すこと（ブレインダンピング）で集中力を高め、自分や物事を客観視し、そこから新たな気づきを得ます。忙しくても**「書くだけ」でストレスが軽減され、前向きな思考に切り替える**ことができます。

② 見える化

目の前にセーターとTシャツがあって、「冬服用と夏服用の引き出しに仕分けしてください」と言われたら、簡単にできますよね。

目に見えていると整理しやすいなら、目に見えない脳内を**ノートで「見える化」**すればいい。いったんノートに書き出すだけで、「何が懸案事項だったのか」「自分がどんなアイデアを持っているのか」などが浮き彫りになり、**"脳内解像度"が上がって整理しやすくなります。**

③ 客観視

ノートに書き出し、脳内の解像度を上げることは、**自分が客観的になるためのスイッチ**となります。自分の頭の中にあるだけだと主観的な状態なので、固定観念や経験が邪魔をしてバイアスがかかり、新たな視点から物事を見る領域が狭くなってしまうのです。ところが、いったん頭の外に出して文字を見ると、"他人の文字を見ているのと同じ"と脳が錯覚します。

自分のことは客観視できなくても、**他人のことなら課題がよく見え、的確に解決方法を指摘できる**ことがありますよね。ノートに書き出すことで、それと同じような客観的な感覚に脳が切り替わるのです。

ノートとスマホ、どちらがいいのか？

「スマホのメモではダメなのか？」。私の答えは明確で、「思考するにはノートがいい」。スマホは、目的に応じて使い分けています。

私は商談の記録など、情報の**「ストック目的（蓄積や共有）」の場合は、スマホやPCを中心に使います。**デジタル情報はコピー＆ペーストも簡単ですし、検索性も優れているからです。

一方、思考を整理するときや、整理して正解を考え出す**「フロー目的（そのときどきでベストなアウトプットをする）」の場合は、ノートへの手書きを重視します。**スピーディーに図解で整理ができ、手で書くことで脳が刺激されて発想が豊かになるからです。

ノルウェー科学技術大学（NTNU）の研究チームの実験によると、20代の若者を対象に脳の電気的活動を追跡したところ、「キーボードのタイピング」より「手書き」のほうが脳活動が活発だったそうです[※1]。

また、東北大学加齢医学研究所所長の川島隆太さんによると、手書き作業は思考や創造性を担う脳の前頭前野を活性化させるそうです。文章を書くときの脳活動計測では、手書きで手紙を書くと前頭前野は活発に働くのに、PCや携帯電話で手紙を書くと前頭前野はまったく働かない、という実験結果が出たそうです[※2]。

もちろん、スマホでも頭の中を見える化する目的は果たせますので、電車内で手書きがしづらいなどの場合は、スマホのメモでも効果はあります。目的に応じて使い分けましょう。

ノートを使って得られる効用

私のクライアントにはIT系企業も多いのですが、IT系企業だから作業は完全にペーパーレス

「マインドフルネス」「見える化」「客観視」が、ノートによる脳内整理が有効とされる理由。

※1『Frontiers in Psychology』2020年7月　※2 東洋経済オンライン『スマホが脳の発達に与える無視できない影響』2018年5月

で進めると思いきや、じつは**会議でノートをとる人がとても多いのです**。特に成果を出している人や、「頭がいい」と評判の人は、例外なくノートをとっていました。

ノートをよくとる方々に話を聞いてわかったのは、PCやスマホなどのデジタルツールより、ノートのほうが「**スピーディーに情報の整理ができ、思考も深めやすい**」ということです。

単純に文字を整理するだけなら、デジタルツールが優秀です。しかし仕事で大切なのは、文字の整理より「**情報を整理し、次の行動につなげるための思考を深めること**」です。そして情報の整理で大切なのは、「**重要ポイントがすぐわかるようにメリハリをつけること**」です。ノートの手書きだと、感覚のまま書き込まれた線引きや図解、筆跡や筆圧などから、重要ポイントが一目瞭然となり、整理しやすくなるのです。

私も、これを痛感したことがあります。20代半ばの頃、重要な商談前に気合を入れてパワーポイントで資料を作成して、顧客向けのプレゼンに挑みました。ところが、スムーズに内容を話せません。「あれだけ時間をかけて、自分で作ったのに……」と、プレゼン中に冷や汗をかいた感覚は今でも覚えています。

PCで作った**平坦なデジタル文字が、頭に入っていなかった**のです。それ以来、まずはノートに重要ポイントを手書きで整理してからまとめ、最後にPCで清書する方式に変えました。すると、重要ポイントが顧客にわかりやすく伝わるようになり、商談も連戦連勝となりました。

本書を執筆する際も同じでした。いきなりワードを開いて原稿を書く、なんてことはしません。まずは、ノートに自分が書きたい内容のポイントを書き出し、次に優先順位をつけるため

に、赤ペンで図示したり、◎や★印でマーキングして構成を考えていきました。

本書の図の多くも、先にノートにイメージを手書きして、メモ書きを加えながら、図や文章に深みを作る方法をとっています。PCで清書するのは、あくまでも最後です。

はじめからPCを使うと、途中で「**キレイに書くこと**」が目的になり、思考が停滞してしまうことがあります。キレイに図や文章ができたので脳内が「完成した」という錯覚に陥り、思考が止まってしまうので注意が必要です。

「**スピーディーに情報の整理ができ、思考も深めやすい**」というノートの効用は、会議や商談、さらに執筆においても絶大なのです。

ノートによって人生を切り拓いた偉人

ここまでノートをとる意義やメリットについて解説してきましたが、「理屈はわかるけど、本当に成果は出るの？」と思っている方もいるかもしれません。私も、ノートを使いこなしていない時代は、ノートの効用に半信半疑でした。

そこで、ノートをとることで偉大な成果を生み出してきた先人の使用例を紹介します。ノートの使用方法によって、「①発想系」「②目標達成系」「③癒し系」の3タイプに分けました。

ノートを活かした「①発想系」の先人は、**レオナルド・ダ・ヴィンチ、エジソン、アインシュタイン**といった天才型の方々です。

彼らに共通するのは、「**メモ魔**」だったこと。数十年間ノートをとり続け、生涯のうちに数千冊のノートを残しました。また、出かけるとき、寝る前、セーリングをしているときでさえ、ノートやメモを持ち歩いていたそうです。

ノートに書かれた内容は、仕事につながるひらめきだけでなく、お金のことやジョークのネ

「スピーディーに情報の整理ができ、思考も深めやすい」ことがノートのメリット。

混乱からあなたを守り、私が経験してきた "武器としてのノート術" を分かち合いたい。

タまで多岐にわたっていたようです。手書きで書いたノートの情報は、一見すると雑多でも、頭の中で熟成されたからこそ、世界を前進させる発想につながったのでしょう。

偉業を成し遂げた天才たちには、才能だけでなく、「尋常ではないほど大量の発想源をノートに書きとめていく」といった執念のような努力もあったのです。

次の「②目標達成系」は、目標とその達成手段をノートに整理しながら、自分の夢や目標を実現していくタイプです。目標達成の過程で問題が起きれば、原因と解決策まで掘り下げ、ノート内で問題解決を図る人もいます。

目標達成系で私が参考にしているのは、アスリートの方が多く、野球界ではヤクルトや阪神などで監督を務めた野村克也さんです。データを駆使した戦い方は「ID野球」と呼ばれるほど有名でしたが、その原点は若い頃から学びを整理していたノートにありました。人の話から読書内容まで、すべてメモしていたそうです。

野村さんのノートの特徴は、単なる情報だけでなく、自分なりの解釈も書き加えていたことです。それにより理解と思考を深め、独自の戦術を体系化したのです。

このノートの習慣は、選手にも指導されました。野村さんの愛弟子たちがアドバイスを書き留めて、ノウハウが蓄積された "野村ノート" は、現在も人材育成に使われているそうです。

最後の「③癒し系」は、書く行為を通じて自分を癒し、救うことに成功したタイプです。1800年代に活躍した世界の鉄鋼王アンドリュー・カーネギーの話は、まさに驚きです。彼は世界史上２位の億万長者（１位はロックフェラー）でしたが悩みは尽きず、仕事や家庭で問題

が幾重にもなり、それらを同時並行で対処するうちに心を病んでしまいました。そして、ついに耐えられなくなり、自殺しようと自室に拳銃を持って引きこもったのです。

ところが、死ぬ前に遺書くらいは書いておこうと思い、便箋とペンを取り出し、悩みを書き出していったところ……、1000個以上あると思い込んでいた悩みは、70個だけでした（凡人には70個でも多すぎですが）。

「たった70個？　私はこんなことで悩んでいたのか……」。そう考えた彼は、明日対処できること、来週でもいいこと、すでに解決できないことなどを次々と仕分けし、最後に「解決できないこと」は頭の中から捨て、直近でできそうなことだけに的を絞りました。

その後、彼は遺書のようなメモと拳銃を机の引き出しにしまい、奥さんと夕食に出掛けました。便箋に悩みを書き出したことで、完全に自意識を取り戻したのです。

ノートによって人生を切り拓き、ノートによって人生を救われた——。偉人たちの背景にノートがあったからこそ、人類は前進してきたことに気づきます。ノートの力は偉大なのです。

＊＊＊

現在、私たちを取り巻く環境は混迷し、厳しさを増しています。もしかしたら、あなたの頭の中も、時代環境とシンクロするように混乱することがあるかもしれませんね。

本書を通じて、少しでも混乱からあなたを守り、私が経験してきた "武器としてのノート術" を分かち合いたい——。このような想いから、執筆はスタートしました。

本書が、ノートを通じて自分らしい人生を切り拓き、ときには再起するキッカケになれば、これほど嬉しいことはありません。

鈴木 進介

CONTENTS 図解 仕事は1冊のノートで10倍差がつく

はじめに ノートを使って、思考を整理する！ 1

CHAPTER 1
脳内を整理するノートのお作法

01 脳内整理に適したノート選びのポイントとは？ 10

02 すべての情報を1冊にまとめる 12

03 ノートは書いたら破って捨ててもいい 14

04 ノートは分割して使う 16

05 一瞬で整理される3つの視点 18

06 ペンは4色ボールペンと万年筆を使い分ける 19

CHAPTER 1 まとめ 20

CHAPTER 2
キャリアを切り拓く「目標ノート」

07 はじめは考えずに、感じるままに書き殴る 22

08 やりたいことが見つかる「気づきノート」 24

09 ○○を「書かねばならない」の思い込みを捨てる 26

10 自分を知る技術「分析ノート」 28

11 目標は3つの切り口で具現化する「キャリア構築ノート」 30

CHAPTER 2 まとめ 32

CHAPTER 3

第一歩目が軽くなる「行動ノート」

12 ノートを使って動けない自分を変える ………… 34

13 行動をマネジメントする「PDCAノート」 ………… 36

14 段取り上手になる「ToDoノート」 ………… 38

15 24時間以内に行動できることを明確にする「すぐやるノート」……… 40

16 さぼらずゴールまで導いてくれる「やりきるノート」❶ ……… 42

17 さぼらずゴールまで導いてくれる「やりきるノート」❷ ……… 44

CHAPTER 3 まとめ ………… 46

CHAPTER 4

今に集中できる「振り返りノート」

18 ノートによる振り返りなくして成長なし! ………… 48

19 人生で大切なことにフォーカスする「時間配分ノート」 ………… 50

20 アスリートだけのものではない「心・技・体」ノート ………… 52

21 日々の学びからパワーアップさせる「YWTノート」 ………… 54

22 熟睡を可能にする寝る前の「3行ノート」 ………… 56

CHAPTER 4 まとめ ………… 58

CHAPTER 5

悩みを最小化できる「解決ノート」

23 それはどの程度の問題なのか?「問題明確化ノート」 ………… 60

24 思い込みを外せば悩みが消える「アンコンシャスバイアスノート」…62

25 コントロールすべき問題を具体的にする「問題解決ノート」 ………… 64

| 26 | 他者からのアドバイスで問題解決を図る「コーチングノート」 | 66 |
| 27 | 逆の発想から解決に導く「やらないことノート」 | 68 |

CHAPTER 5 まとめ 70

CHAPTER 6
勝利をたぐり寄せる「プレゼンノート」

28	プレゼン前に勝負は決まっている「戦略ノート」	72
29	一言で言うと何?「キャッチフレーズノート」	74
30	説得力が格段に上がる「ロジカルノート」	76
31	説明にインパクトを与える「シナリオ強化ノート」	78
32	すべらない話をするための「ネタ帳ノート」	80

CHAPTER 6 まとめ 82

CHAPTER 7
インプットを成果に変える「アウトプットノート」

33	インプット内容は「いかに捨てるか」の勝負	84
34	結局、これが最強の整理術!「5W1Hノート」	86
35	事実と意見は切り分けろ!「ファクトノート」	88
36	会議内容を成果につなげる「サイクルノート」	90
37	読みっぱなしにしないための「読書ノート」	92

CHAPTER 7 まとめ 94

おわりに 私を救ってくれたのは、ノートだった 95

• カバーデザイン／藤塚尚子（e to kumi）　• 本文デザイン・DTP／斎藤 充（クロロス）
• 編集協力／斎藤 充・藤吉 豊（クロロス）、斎藤菜穂子　• 校正／鷗来堂

CHAPTER

1

脳内を整理する
ノートのお作法

*Just one notebook makes you
ten times smarter.*

CHAPTER 1

01 脳内整理に適した ノート選びのポイントとは？

ノートも「見た目」が9割！

「脳内整理をする上で、おすすめのノートはありますか？」という質問をよく受けます。結論は、「ノートは感覚で選ぶこと」です。メーカーやブランドにこだわる必要はなく、一目ぼれした、使っていて気持ちがいいなど、「これだ！」と感じたものを選ぶといいでしょう。自分が気に入ったノートが、一番長続きしますから。

あえてノート選びのポイントをアドバイスするなら、「①見た目」「②罫線」「③サイズ」です。「ノートは書き心地や使い方こそ大切」という思い込みは捨ててもいいです。もちろん機能性は大切ですが、感覚的に見た目が「超すてき！」と思えるものをまずは重視しましょう。

人の第一印象と同じく、「ノートも見た目が9割」です。モチベーションを上げてくれることにも一役買ってくれるでしょう。使い勝手がいいだけの事務的なノートではなく、「ちょっと使いにくそうだけど、この黄色のカバーはテンションを上げてくれる！」と思ったら、迷わず黄色を選べばいいのです。

あなたがカフェでノートを開いたときに、優越感を得て周りの視線を浴びている感覚があれば、それが「運命のノート」になります。

いろいろと試しながら、自分ならではのお気に入りノートとの"出会い"も楽しみましょう。

方眼式のB5サイズがオススメ

次に、「②罫線」です。思考の整理目的の場合、一般的なヨコ直線だけより、「タテヨコ線の方眼式」をオススメします。「方眼式」とは、縦と横

ノートはあなたの感覚で選んでOK！

- モノトーンでまとまった静かなイメージがカッコイイ！
- シンプルなノートを買ってデコレーションを楽しもう♪
- この鮮やかな黄色のカバーはテンションを上げてくれる！
- カバーをクロコダイル生地でオーダーメイドしてみよう！
- わりと普通の見た目だけど、妙にしっくりくるんだよね
- 推しキャラのノートを発見！絶対にこれでキマリ！

メーカーやブランドにこだわらず、「これだ！」と感じたものを選ぶ

罫線は「方眼式」、サイズは「B5」が良い理由

「方眼式ノート」がオススメの理由
- 文字を書くときに縦横のマス目にそってきれいに端を揃えられる。
- 一方向の罫線のように行間にとらわれず書ける自由度があり、図でメモをとることも容易。
- 罫線ノートが持つ規則性と無地ノートが持つ自由度の観点から、複雑な情報を整理する際も方眼式がベスト。

「B5」サイズがオススメの理由
- 情報を整理して自分の考えを深める「思考の整理ノート」の場合は、ノート紙面全体をひと目で見られる一覧性が重要。
- A4やA3より、持ち運ぶ際にかさばらない。
- さらに机の上にノートを広げる際も、スペースが小さくすむメリットがある。

に細かい罫線が引かれ、方眼のマス目調になっているものです。

単なる罫線だとキレイな文章を書かなければいけないという心理が働き、完全に脳内が整理されるまで手が止まってしまいます。頭の中でキレイに整理できないと書き出すのをためらってしまうので、見える化できないまま終わるリスクがあります。

真っ白で罫線もない無地のノートだと、私の場合、どこから書けばいいのか迷って、そこで脳が消耗してしまう気がします。さらに、真っ白で無地のページに文字を書き出す行為は、キレイな紙をいきなり汚してしまうようで、気が小さい私は微妙に緊張してしまうのです。

方眼式だと、**文字を書くときに縦横のマス目にそってキレイに端を揃えられます**。また、一方向の罫線のように行間にとらわれずに書ける自由度があり、**図でメモをとることも容易**です。

罫線ノートが持つ規則性（整理のしやすさ）と無地ノートが持つ自由度（枠をはみ出してもおかしくなく、大きさなども無視できる気持ちよさ）の観点から、複雑な情報を整理する際も方眼式がベストなのです。

最後の「③サイズ」は、小さすぎず、大きすぎずを心がけましょう。**B5を基準に考えます**。「ノートの大きさが思考の広さを決める」と言われることがあります。発想を豊かにする目的だけならば、A3などの書くスペースが大きいほうがいいでしょう。人の脳は、余白やスペースがあると埋めたくなる習性があるため、アイデアが出やすくなるからです。

ただ、本書で重視しているのはアイデアを出すための発想ノートではなく、情報を整理して自分の考えを深める**「思考の整理ノート」**です。思考の整理の際は、ノート紙面全体が視界に入りやすく、視線を必要以上に動かさなくてすむ一覧性を重要視します。

また、A4やA3だと、現在のスマホ時代には持ち運びにかさばります。さらに机の上にノートを広げる前に、机の上を片づけなければ落ち着いて書けないという人もいるでしょう。

従って、ノートのサイズは、大きすぎず小さすぎず、**「持ち運びや机での広げやすさ、一覧性」を加味してB5を基準に考える**のです。

CHAPTER 1

02 すべての情報を1冊にまとめる

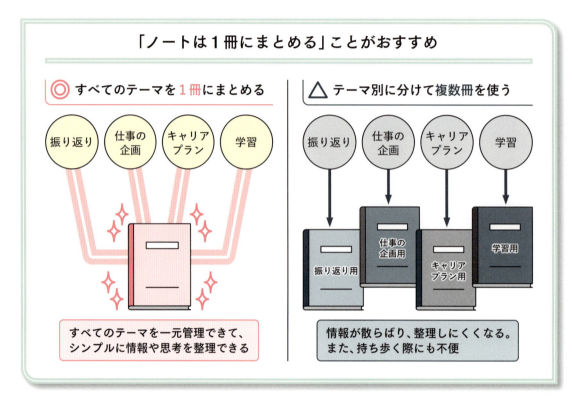

全テーマを1冊に集約して一元管理

　本書では、テーマ別にノートの書き方を紹介していきますが、「ノートは1冊にまとめる」ことをおすすめします。

　私はこれまで、メディアでノートの達人と称される方々の方法を試してきました。多くの方が、テーマ別にノートを分け、コレクションを楽しむように自身のノート術を極められていました。それを見よう見まねでやってみたのですが、どうにも面倒くさく、情報が散らばり、逆に頭の整理からは遠ざかってしまいました。

　また、数冊を持ち歩くことは現実的ではありません。「振り返り用」「仕事の企画用」「キャリアプラン用」「学習用」……。ノートのコレクションが目的ならいいのですが、「シンプルに情報や思考を整理したい」という目的には合いません。それ以来、**すべてのテーマを1冊に集約して一元管理**するようになりました。

　「1冊の中に複数のテーマがあると一貫性がなくなり、逆に違和感を持ちませんか？」と言われることもあります。しかし、1冊の中にすべてのテーマを集約したほうが、**「今の自分の状態を丸ごと見える化」**することができるため、内省しやすく、次の行動を考える上で気づきも得やすくなります。

テーマごとにタイトルを疑問形で書く

　1冊のノートにまとめるからこそ、大切にしたい点があります。それは**各ページに「タイトル」を書いて、どんなテーマの記述なのかをすぐにわかるようにする**ことです。これにより、

1冊のノートを開けば、どのテーマのページ数が多いかが瞬時にわかり、今の自分の関心事や悩み事なども手に取るようにわかるのです。

ノートの一番上に日付を書く人も多いと思いますが、日付より「何について思考するのか」のタイトルを優先させましょう。企画書や報告書名、メールの件名、パソコンのフォルダやファイル名など、仕事の中でもタイトルをつけることがあるように、ノートも同様です。

ただ、普段の業務と異なるのは、ノートにタイトルをつける意義です。それは、開いた瞬間にタイトルごとに中身を瞬時に判断できるようにするための「インデックス」としての役割と、「思考を深める」役割の2つです。

重視したいのは「思考を深めるためのタイトルづけ」です。報告書やメールの件名は「〜について」と事務的につけがちです。分類がしやすいインデックスの目的ならいいのですが、思考を整理して考えを作るためのノートなら、「タイトルの語尾を疑問形にする」工夫を入れます。

例えば、「目標について」ではなく、「絶対に今年中に達成したい目標とは？」にします。単なる「目標について」のタイトルでは、途中で疲れ果てて思考をやめてしまうこともあるでしょう。ところが、質問に答える形で思考を張り巡らせると、不思議と自分の脳が無意識のうちに答えを求め続けます。

心理学では、これを「ザイガニック効果」と呼びます。人は未完成のものにひきつけられるため、印象に残りやすいと言われています。自分に質問をぶつけた瞬間から答えが出るまで脳は活性化され、思考が深まるというわけです。

思考を整理するノートでは、単なるインデックスではなく、自分に対する「問い」をタイトルにしてみましょう。自分への質問から思考を整理し、本来の自分を見出していく過程は、「セルフコーチング」と同じ意味となります。

ポイントは、「1タイトル1ページ」を心がけること。1つのタイトルで複数ページも書いてしまうと、意識が分散します。1ページ1タイトルで視界を集中させ、「今から自分は何について整理し、思考を深めるのか」を意識します。1ページ完結で、ゴールにたどり着くスタンスを持ちましょう。

CHAPTER 1 脳内を整理するノートのお作法

テーマごとにタイトルを書き、語尾を疑問形にする

各ページに「タイトル」を書いて、テーマがすぐにわかるようにする

思考を深めるために、タイトルの語尾を疑問形にする

絶対に今年中に達成したい目標とは？

- TOEIC300点アップ
- 新規顧客開拓5社
- 希望するマーケティング部へ移動
- 3月に引越し（湘南エリアで探す）
- 夏季休暇に旅行（イタリアとフランス7日間）

この疑問形によって「ザイガニック効果」が働き……

無意識のうちに答えを求め続ける！

CHAPTER 1

03 ノートは書いたら破って捨ててもいい

書き終えて役割を果たしたら捨てる！

「ノートがいかに大切か、どのようにノートを使えばいいか」という話をしてきたのに、いきなり「捨ててもいい」と言われると、混乱したかもしれませんね。驚かせてすみません。

でもふざけているのではなく、本当です。私の流儀では、書き終えたら「捨てる」ことを大切にしています。**書き終えて目的を果たしたら、そのページを破って捨てます。**

なぜなら、ノートは記録（インプット）することが目的ではなく、あくまでも**「思考を整理し、自分の考えを生み出すこと（アウトプット）」が目的**だからです。

「自分にとって何が大切か」の本質を見出すことができれば、それ以外の情報はもはや不要です。感傷にひたる必要もありません。もちろん、整理が終わってないページまで捨てる必要はありませんので、あくまでもスッキリしたかどうかを捨てるタイミングのポイントにしてみてください。

本質的な内容以外をそのまま視界に置いておくと、雑念が入り、再び思考がごちゃごちゃになるリスクがあります。そこで、物理的にも不要な情報をノイズとして破り捨ててしまうのです。思考の整理が終わり、自分なりの正解が見つかれば、"お役ごめん"と感謝して、破ったページを堂々とシュレッダーへお引越しさせてあげましょう。

そのため、私は**「ページ切り離し用のミシン目がついていること」**も、ノート選びの条件の1つにしています。

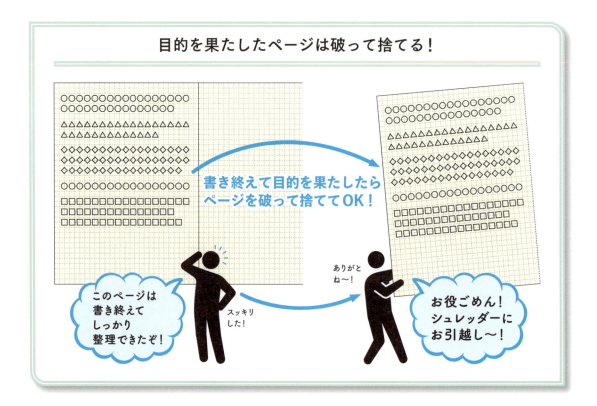

目的を果たしたページは破って捨てる！

使うかどうかわからない情報＝「ノイズ」は処分する

✗ ノートに書いたままにしておく

思考の中にノイズだけが溜まっていき、大切な情報がわからなくなる

◎ 情報を取捨してノイズを処分する

自分なりに完成度の高い思考だけが残り、シンプル思考が保てる

捨てることでシンプル思考が保てる

　せっかく書き出したものだから、「いつか使うかもしれない」「ページを破って捨てるのも、もったいないし……」と、使うかどうかわからない情報を溜め込む人もいるでしょう。

　しかし、"いつか使うかも"の心理で書き留めたものを、実際にこれまでどれだけ使ったことがあるのでしょうか？　記録が目的の場合は、幅広く多くの情報をストックしていくことがたしかに有効です。ですが、ここでは目的が違います。

　ノートに書いたままにしておくと、思考の中にノイズだけが溜まっていきます。「何が自分にとって大切か」「どの情報を捨てるべきか」の取捨選択を繰り返し、自分なりの思考を深めていく上では、ノイズは大敵となります。いつか使うかもしれないから、残しておかなければ不安であるという"将来に保険をかけておく"スタンスでは、あなたらしい意思決定は難しくなるでしょう。

　情報洪水が激しい時代において、取捨選択していく力が最後には必要になります。ノートは記録を目的にした「ストック（蓄積）型」にするのか、**その瞬間、その瞬間で自分の思考を深める「フロー（流れ）型」**にするのか、目的を再確認しましょう。

　ここで、実際の私の一連の方法をご紹介しましょう。記録やアイデアのストックが目的の場合は、PCかスマホを使います。フローが目的の場合はノートを使用し、思考を整理して自分なりの正解を見出せたら、正解箇所に印を入れてスキャンします。もしくは、別資料の作成時用やSNSの投稿用、プレゼンの清書版用などに発展させて、アウトプットします。その後、ページをミシン目にそって切り離してシュレッダーにかけます。

　このようにノイズを処分することで**自分なりに完成度が高い思考だけが残り、シンプル思考が保てる**わけです。

　もちろん、ノートの見た目は原型をとどめていません。外見はしっかりとしているのに中身がスカスカの"ピーマン状態"になっています。でも、それで問題ないのです。

CHAPTER 1

04 ノートは分割して使う

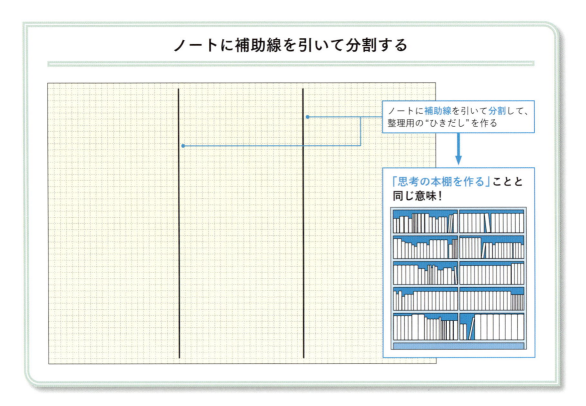

ノートに整理用の"ひきだし"を作る

　頭の中にあるものをノートに書き出しながらグループ分けして、キレイに整理していくことは簡単ではありません。冬服と夏服を詰め込んで収納すると、あとで整理や取り出しが大変になるのと同じです。そこで書き出す前に、**ノートに「補助線」を引いて「分割」する＝整理用の"ひきだし"**を先に作っておきましょう。

　読書家の私は本をたくさん買い込み、仕事部屋の大きな本棚に一定の規則性で収納します。本を買う前から「仕事術」「自己啓発」「健康」「資産運用」「経済」「ノンフィクション」「小説」などの整理するカテゴリーを設定して、それぞれの収納スペースを用意しています。

　さらに、各ジャンルも「未読」「読了」と２分割しています。これにより、本を多く買っても整理が面倒で"とりあえず積んでおこう"とならず、買った後は分割された棚に入れるだけなので、整理に悩むことはありません。

　考え方はノートでも同じです。**ノートに補助線を引いて分割することは、「思考の本棚を作る」ことと同じ意味**になります。頭の中に情報や考えを詰め込みすぎて、"積読状態"にならないように気をつけましょう。

　私は以前、年商100億円弱の急成長中だった会社のコンサルティングをしていたときに、「今後の事業展開をどのようにすべきか？」が議題の幹部会議にアドバイザーとして参加しました。ディスカッションがはじまると、普段から頭の回転が速い40代の社長さんは、即座にノートにサクサクと線を引き出したのです。

それは整理用の補助線でした。「短期／中期／長期」「ヒト／モノ／カネ」の３分割、「今できること／できないこと」の２分割のパターンで計３種類のページを作っていました。ディスカッション内容を補助線で仕分けしたノートに書き終えたときには、戦略の骨組みができていました。その後は、ちぎってコピーやスキャンをするだけ。それを参加者内ですぐに共有することで、事業計画書を正式に作成する前に、行動の第一歩目を踏み出していたわけです。

会議の場で、ホワイトボードのディスカッション内容をただ書き込むだけの散らかった文字情報をよく目にします。しかしこの社長さんは、リアルタイムに分割されたノートにメモをしながら会話を進めるため、いち早く内容が整理され、思考を深めることが可能になっていました。頭の回転の速さとは思考の整理の速さであり、根っこには「ノートの分割」があったのです。

「軸」を決めて「補助線」を引く

ノートの使い方のポイントですが、ノートを「横置き」にしてください。縦置きに比べて、分割したスペースが大きくとれるからです。

次に整理のための「軸」を決めます。時間軸で整理するなら「短期／中期／長期」、物事の判断をするなら「メリット／デメリット」など、テーマに合わせて決めます。最後に「補助線」を引き、書くスペースを分割したら準備完了。あとは、頭にあることを書き出しましょう。

ノートの分割が未経験でも、日常生活ではよく体験しているはずです。近所のゴミ置き場に「だいたいこのへんに捨てて」と看板があると、おそらく適当に山積みになり、分別する清掃員は困り果ててしまいます。一方、ゴミ置き場のスペースが「燃えるゴミ／燃えないゴミ／ビン／カン／ペットボトル」と分割されていれば、スムーズにゴミの処理ができます。

このように、ノートに補助線を引き、ガイドラインに沿って分割されたスペースに書き込めば、知識や情報が散らばることなく整理でき、効率よく思考できるようになります。

実際にどのような軸で分割するかはテーマによって変わるため、CHAPTER 4 以降で詳しく紹介します。

テーマに合わせて、整理のための「軸」を決める

例：「時間軸」で整理するなら

短期	中期	長期

例：「物事の判断」で整理するなら

メリット	デメリット

知識や情報が散らばることなく整理でき、効率よく思考できる

CHAPTER 1

05 一瞬で整理される３つの視点

「３つ程度」に絞ると整理しやすい

ノートを分割する際は、「**３分割」を基準に考えてみましょう**。情報や考えを３つに整理するケースは、ノートに限らず、「松・竹・梅」「過去・現在・未来」「心・技・体」「世界三大○○」「報・連・相」など、私たちの身の周りにたくさんあります。

「○○ベスト10」や「７つの○○」という表現も聞きますが、10や７では一瞬で頭に入らず、やや細かすぎるように思えます。**３つ程度の情報はちょうどよく、安定感がある**のでしょう。

ミズーリ大学の認知心理学者、ネルソン・コーワンは2001年に、「人間の記憶の容量の限界は『３～５個のチャンク（情報のかたまり）』である」と発表しました。多くの要素が絡んだ複雑な情報や考えを扱うときには、**まず「３つ程度」に絞って考える**というルールにすることで、ノートも書きやすくなります。

では、２つに大別して整理するのはダメなのでしょうか？ ２つで収まりがいいケースもありますが、テーマによっては２つだと情報として少し物足りず、視野が狭くなるリスクもあります。また、仕事のプロセスは「Plan（計画）／Do（実行）／Check（検証）／Action（改善行動）」に分けてみるなど、４つがいいケースもありますので、必ずしも「３」だけが正解というわけではありません。

「ノートにどれだけ補助線を引いて、何分割すればいいのかわからない」という場合は、まずは**「３」で整理することを起点に「±１」で試してみてください**。

ノートを分割する際は「３分割」を基準に考える

タイトル 「効果的な人材育成プランとは？」
結論 結論は「○○」である
理由① 　理由② 　理由③
理由を３分割で書く
１　２　３

Column

私はプレゼンをする際、説得力を高めるために理由を「３つ」に整理して臨みます。理由が１つだと「ありきたりだな、その理由を使うと思ったよ」と聞き手に思われてしまいます。理由が２つであれば、競合も準備してきます。しかし、３つの理由だと準備も大変ですから、差がつくことがあります。また、３つ程度の理由なら聞き手の記憶にも残りやすいので、さらに重みが増します。

カメラの三脚も、文字通り３本の脚で安定する作りになっていることを考えると、「３」は心理的にも物理的にも"ちょうどいい"整理用の切り口なのかもしれません。

CHAPTER 1

06 ペンは4色ボールペンと万年筆を使い分ける

思考の整理ノートには黒以外の3色が必須

「フリクションボール4」がおすすめ

黒＋3色の4色を1本で使い分けられる。さらに自由に消すことができて便利！

黒以外の3色で色分けして整理する

例：思考を整理する場合
- 赤＝ネガティブなこと
- 青＝ポジティブなこと
- 緑＝構想、夢、目標の類

例：タスクを整理する場合
- 赤＝緊急かつ重要なタスク
- 青＝他人とのアポイント
- 緑＝個人的なタスク

内容ごとに赤・青・緑色に色分けすると、見た目にもわかりやすく整理できる

ペンは目的によって使い分ける

　ノートに次いで、**ペン選びも大切**です。ペンは「目的」に応じて使い分けます。普段の思考の整理には「ボールペン」を、特に重要なことには「万年筆」を使うといった具合です。

　普段使いの「ボールペン」は、**PILOT社製の「フリクションボール4」の4色ボールペン（黒以外に3色）**をおすすめします。自由に消せて便利なうえに、書き心地も優れています。

　また、4色を1本で使い分けられることが特徴です。普段の書き込みは黒色、あとは内容によって赤・青・緑色で印や線を引くなどと、見た目にもわかりやすく全体を整理できます。

　私はテーマを決めずに頭がごちゃごちゃしてきた際は、いったんノートに書き出し、「赤＝ネガティブなこと」「青＝ポジティブなこと」「緑＝構想、夢、目標の類」で分類し、次の一手を見出すために整理します。タスクを整理する際も、「赤＝緊急かつ重要なタスク」「青＝他人とのアポイント」「緑＝個人的なタスク」と色分けすることで、整理の効率化を図ります。「色分け＝分類」の目的があるため、**思考の整理ノートには黒以外に3色が必須**です。

　また、進路や岐路に立たされたときなど、人生計画のような**重要なことを整理する際は「万年筆」を使用する**ことがあります。

　私にとって、最も思い入れのあるペンは万年筆です。そのような特別なペンを使うことで、「今から大きなことに立ち向かっていくぞ！」という**気持ちのスイッチを入れます**。特別感のあるペンには、気持ちを強める効果もあるのです。

CHAPTER 1
脳内を整理するノートのお作法

- ノートは感覚で選んでOKだが、あえてノート選びの
  ポイントを挙げるなら、「見た目」「罫線」「サイズ」。

- 方眼式のノートだと、文字を書くときに縦横のマス目にそって
  キレイに端を揃えられ、図でメモをとることも容易。

- すべてのテーマをノート1冊に集約して一元管理すると、
  「今の自分の状態を丸ごと見える化」できる。

- 思考を整理して考えを作るためのノートなら、
  「タイトルの語尾を疑問形にする」とよい。

- ノートの目的は記録(インプット)ではなく、
  「思考を整理し、自分の考えを生み出すこと(アウトプット)」。

- ノートに書いたままにしておくと、思考の中にノイズだけが溜まる。
  書き終えて目的を果たしたページは、破って捨てて構わない。

- ノートに補助線を引いて分割することは、
  「思考の本棚を作る」ことと同じ意味。

- ノートに補助線を引き、分割されたスペースに書き込めば、
  知識や情報をしっかり整理でき、効率よく思考できるようになる。

- 複雑な情報や考えを扱うときには
  「3つ程度」に絞って考えると、ノートも書きやすくなる。

- 使うペンは、4色ボールペンがおすすめ。
  内容ごとに色分けすると、見た目にもわかりやすく整理できる。

CHAPTER
2

キャリアを切り拓く
「目標ノート」

*Just one notebook makes you
ten times smarter.*

CHAPTER 2

07 はじめは考えずに、感じるままに書き殴る

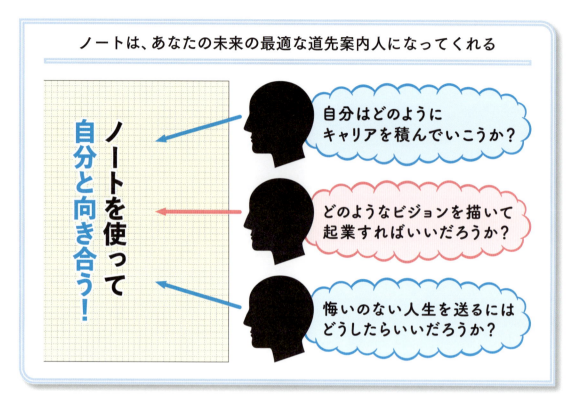

ノートに"本音"を書き留める

頭の整理が難しい分野の1つに、「キャリア」があります。「自分はどのように、社内や転職でキャリアを積んでいこうか？」「どのようなビジョンを描いて起業すると、悔いのない人生を送れるのだろうか？」など。皆さんも、キャリアについて考えたことがあるでしょう。

キャリアとは「生き方そのもの」です。常にスッキリと、キレイな道が描けるとは限りません。複雑で不透明な現代では、先の見通しが悪いこともあります。そこで、ノートの登場です。**自問自答しながら、自分の未来を描くときに、ノートは最適な案内人になってくれます。**

突然ですが、あなたの「将来のキャリアイメージ」は"解像度"で言うと、10点満点で何点くらいですか？　将来像がどれくらい明確になっていますか？

もちろん、点数による良し悪しはありません。ただ、将来への視界が良好になると、日々の充実感を得やすくなります。そこで**納得できる人生を送るために、ノートに"本音"を書き留めてほしい**のです。

メディアやSNSなどから、煽りの言葉が日々あふれ出しています。「キャリアアップで生き残りを！」「ビジョンは大きく持て！」など……。でも、これらを鵜呑みにしてはいけません。

キャリアのアップやダウンとは、年収と経歴をベースに世間が勝手につけたレッテルにすぎないのです。将来のビジョンに、大きいも小さいもないはずです。

すべては「自分サイズ」が正解です。**世間か**

ら飛んでくるノイズに毒されないように、ノートを使って自分と向き合いましょう。

キャリアは感覚を大切にする

2000年に25歳で起業した私は、「起業した以上、会社を大きくして上場を目指さなければならない。IT系で上場する同世代の知人も出はじめたし、事務所を構えて、社員もたくさん雇わなければならない……」と、このように「～ねばならない」という言葉に捉われて、キャリアプランを練っていました。

「小さな会社では格好悪い」と脚光を浴びている起業家に嫉妬し、当時の風潮に流され、焦りとストレスにまみれた毎日を送っていたのです。その後、徐々に売上は上がったものの、なぜだかまったく充実感を得られません。ちっとも楽しくないのです。当時、世間で語られがちだった空虚なサクセスストーリーやお金を、ただ追いかけていただけだったからです。

周りの雑音と理屈からはじめたキャリアプランなど、しょせん借り物の人生にすぎません。キャリアを描く際に大切なのは、感覚からはじめることです。

ビジネスの世界においては「損／得」が重視されがちですが、キャリアを描く際は「快／不快」で捉えないと決して長続きはしません。これは後にクライアントになる方々を見て、100％間違いないことがわかりました。

緩和ケアの介護を長年務め、数多くの患者を看取った作家、ブロニー・ウェアは、著書『死ぬ瞬間の５つの後悔』（新潮社）の中で、「多くの人は死ぬ直前に『自分に正直な人生を生きればよかった』と後悔する」と言っています。

世間が作りだした成功を追いかけて、理論的にキャリアプラン作成していくのではなく、自分の気持ちに正直な心地よいキャリアプランを描くのです。これはノートを使ってキャリアを描く入り口の部分ですから、間違えないでください。

今、ノートを開いて、今後のキャリアのイメージを書きだすとしたら、あなたは何を書きますか？ それは、感覚的に"気持ちいい未来"でしょうか？ それとも、"ストレスがかかる未来"でしょうか？

自分の気持ちに正直な心地よいキャリアプランを描く

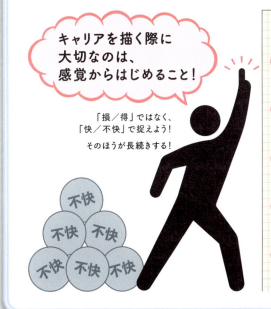

CHAPTER 2

08 やりたいことが見つかる「気づきノート」

「Good」「New」「気づき」の３つを書く

　キャリアのイメージがまだ明確でない場合は、ヒントになるような「気づき」を得るためのノートを日記形式でつけます。この「気づきノート」は日記の役割もあるので、例外的に破って捨てずに取っておきます（14ページ参照）。

　日々の仕事を振り返り、「Goodなこと」「Newなこと」「気づき」を書き込みます。たった３行でもOKです。この３点セットを書き連ねていくことで、自分に素直に向き合うことができます。「自分はここに興味があったんだ」「このタスクをしているときが気持ちいい」といった気づきは、キャリアの解像度を上げていく上で、大きなヒントになります。

　まずは挫折しないように、「１週間限定」で「気づきノート強化週間」を設定してください。ノートに補助線を引いて、「Good」「New」「気づき」の３項目に分割して書き込みます。横置きでも縦置きでも構いません。

　「Good」欄には１日を振り返って「仕事面で良かったと感じたこと」を、「New」欄には「新たな挑戦や新たに取り組んだことの感覚」を書きます。この２つの内容から、「自分なりに得られるヒント」を「気づき」欄に書きます。

　字は自分が読めるレベルであれば、汚くても構いません。また、箇条書きでもOKで、キレイな文章でなくても構いません。

　問題点や課題点は書かないようにしましょう。単なる反省ノートとなり、ポジティブなキャリアのヒントになりにくいからです。反省点とは弱点でもあります。弱点よりも、前向きな自分

「気づきノート」の書き方

タイトル	「今日の仕事でグッときたポイントとは？」	
〈Good〉	〈New〉	〈気づき〉
１日を振り返って「仕事面で良かったと感じたこと」を書く	「新たな挑戦や新たに取り組んだことの感覚」を書く	〈Good〉〈New〉の内容から、「自分なりに得られるヒント」を書く

ポジティブなキャリアのヒントになりにくいため、問題点や課題点は書かないこと

まずは「１週間限定」で「気づきノート強化週間」を設定してみよう

「自分がどういう感覚だったのか」まで踏み込んで書く

私のキャリアのターニングポイントとなった「気づきノート」の例

「今日の仕事でグッときたポイントとは?」

〈Good〉	〈New〉	〈気づき〉
ある大手企業向けの講演が大盛況で、アドレナリンが出た	新規顧客から人材教育のコンテンツ作成依頼があり、教育にグッと興味がわいた	自分の発するメッセージで、受け手側の目の色が変わる瞬間に立ち会いたい

自分に素直になって、感じたことをそのまま書いたノート内容が、現在の"天職"につながるターニングポイントになった!

無意識の中に落ちているキャリアのヒントを見える化できる

自身の「意思」や「感覚」に向き合うほうが"気持ちいい未来"へのヒントになります。

「Goodなこと」「Newなこと」が思いつかない場合は、無理して書く必要はありません。「1週間単位で3〜4つでも書き出せたらラッキー」くらいの感覚でいましょう。

大切なのは、常に「Good」と「New」にアウトプットする前提で日々を過ごすことです。すると意識が「Good」と「New」にフォーカスされ、新たな「気づき」を得やすくなります。

キャリアのヒントを見える化する

表現方法は、「自分がどういう感覚だったのか」まで踏み込んで書くことをおすすめします。自分に素直になって感覚にアクセスするためには、心理状態が鍵を握っているからです。

ある日、私は1日を振り返って気づいたことを上図のように書きました。

起業してから8年経った3月頃の記述を、今も鮮明に覚えています。「社員教育事業や講師業は、口先だけの仕事でいまいちピンとこないな。本当にやりがいあるのかな」。新規事業の立ち上げ支援など、現場レベルで実務に深く携わっていた私は、講師業がどうも好きになれませんでした。

ところが、懐疑的なまま引き受けた仕事を終えた日の夜、ノートに書き込んだ内容に、自分でも驚きました。「人にメッセージを提供することで、受け取った相手が気づきと勇気を得て人生が好転するのであれば、これほど尊い仕事はない、教育というテーマはおもしろいかも」と思えたのです。

自分に素直になって、感じたことをそのまま書きました。これが現在の"天職"につながるターニングポイントになったのです。口だけではなく、文字でも伝えたい。このときの感覚が本書にもつながっているのですから、「気づきノート」が私のキャリアを切り拓いたといっても過言ではありません。

ノートに書く作業は、無意識の中に落ちているキャリアのヒントを見える化する効用があります。"おいしい人生"を送るためにも、人生のレシピを作る作業として、「気づきノート」を楽しみましょう。

CHAPTER 2

09 ○○を「書かねばならない」の思い込みを捨てる

「○○をしなければならない」の固定観念に注意！

仕事で成果を出すには
○○をしなければならない

目標を達成するには
○○をしなければならない

こうしなければ
ならないんだ…

夢を実現させるには
○○をしなければならない

今年中に昇格するには
○○をしなければならない

いい転職をするには
○○をしなければならない

来年までに起業するには
○○をしなければならない

目標設定を強引にひねり出したところで、長続きしない

強引に決めた目標設定は長続きしない

キャリアの展望につながることをノートに書き留める際には、「○○を書かねばならない」という固定観念に注意しましょう。

例えば、各界で実績を上げた人は、「目標を明確にし、達成の時期から逆算して毎日過ごしていました」と"夢に日付を入れる"ことの効用をよく語ります。しかし、目標を明確にして、期限設定を"しなければならない！"と強引に決めたところでうまくいくでしょうか？　一定割合の人が、半信半疑で違和感を抱えたままになってしまいます。

無理はしなくていいのです。強引にひねり出した目標設定は、ノートに書き出しても長続きしません。「気づきノート」は、キャリアの手が

かりやヒントを得ることが目的です。細かい目標設定はできなくても構いません。

成果を出している人には、右図のような2タイプがいます。私はそれぞれ、「トップダウン式アプローチ」「ボトムアップ式アプローチ」と呼んでいます。皆が、トップダウン式である必要はありません。トップダウン式のほうがわかりやすく華々しいストーリーに見えるから、話題にされやすいだけです。ノートは、自分に合ったペースとやり方で書いてください。

自然体でノートに向き合うこと

以前、ある営業職に従事している女性にコーチングをしたときのことです。もともとトップダウン式の信奉者だった私は、キャリアに悩む受講生に対して「先々の目標は？　いつ頃それ

は実現したい？　逆算すると今は何をすべき？」と毎週のように質問を繰り出していきました。すると、受講生の表情はどんどん曇っていき、「それが明確にできないから、行き詰まっているのです……」と言われたのです。

私は受講生の気持ちを引き出す前に、固定観念に縛られた質問の連発で追い詰めていただけだったのです。それに気づき、ボトムアップ式でアプローチすると、受講生はスッキリした表情に変わり、ノートに書きだす「気づき」の数は1週間で10個以上になりました。

それ以来、相手の状況やタイプに、トップダウン式とボトムアップ式のどちらが合うかを確認しながら、コーチングを進めるようになりました。「〜を書かねばならない」を捨ててもらうことで、転職に成功した方、起業した方、社内昇格した方はたくさんいます。

ちょうど同じ時期に、100歳を超えた専門家同士の対談番組を観る機会がありました。1人は聖路加国際病院名誉院長で本を出せばベストセラー、講演はいつも満席だった日野原重明さん。もう1人は、海外でも活躍された日本美術家で版画家の篠田桃紅さんです。

2人の将来の展望の価値観が、対照的でユニークなのです。日野原さんは100歳を超えているのに、「人間いくつになっても5年先、10年先のビジョンを描き、今日どう過ごすかが元気の秘訣である」と説き、篠田さんは「先のことはまったく考えないわ。先々のことは、日々の充実感の中で展望が開けてくるから」と応じました。前者はトップダウン式、後者はボトムアップ式と言えるでしょう。

2人の価値観は一見すると真逆なのですが、実は共通点があります。それぞれの分野で、突出した実績を出されていること。それと、アプローチが逆であっても「今」この瞬間を大切にしていることです。

これが何を意味するかというと、キャリアの展望を描く際に、「このアプローチが正しい、という答えはない」ということです。ですから、「〜を書かねばならない」という強迫観念を捨てて、自然体でノートに向き合ってください。先が見えない時代は、固定観念を捨てて、自分と向き合うことが大事なのです。

CHAPTER 2　キャリアを切り拓く「目標ノート」

「トップダウン式」と「ボトムアップ式」のアプローチ

トップダウン式アプローチ

逆算式で行動

ゴールはあそこだから、こうやっていけば辿り着けるな

GOAL

先々の夢や目標（ゴール）を明確にして、逆算式のスケジュールで今やるべきことを考えて努力するタイプ

ボトムアップ式アプローチ

積み上げ式で行動

今はこれを1つずつ積み上げていくんだ！

GOAL

先々のスケジュールは明確ではないが、「今」の取り組み内容に集中しているうちに、目標が明確になって展望が開けるタイプ

CHAPTER 2

10 自分を知る技術「分析ノート」

自分／他人／時代の3つの視点に分解

「気づきノート」を書いても、先のことをイメージできない袋小路に入ってしまうことがあるかもしれません。そんなときは、自分の立ち位置や現況を俯瞰してみます。

「自分は何者で、どこへ向かっていくのだろうか？」。この問いの答えのヒントになる視点を、「自分視点（自分の素直な感情）」「他人視点」「時代視点」の3つに要素分解します。

カフェにこもって自分と向き合う時間を持ち、頭や心を整理するという人も多いようですが、それだけでは客観視は難しい。他人のことはよく見えても、自分のことは"灯台下暗し"になりかねません。社会に存在する以上、自分視点だけでは本当の自分が見えないばかりか、社会と折り合いをつけることも難しくなります。そこで、「他人視点」と「時代視点」を準備し、新たな自分に気づけるようにします。

1つ目の「自分視点」は、先述した「気づきノート」に書いてある自分のキャリアやビジネス展開のイメージを感情むき出しに書きます。

ポイントは、「素直な気持ちで書いているか」です。頭で考えるのではなく、心に浮かんだことをそのままノートに書きます。頭の中に最初に思い浮かんだものが、もっとも素直な自分の「答え」です。

そこで、書く際には「実現性を無視したときに、本当はどうしたい？」と自問自答します。この言葉をかけることで、世間体、他人の期待、見栄を封印できます。他人に見せる必要はないので、周囲の目を気にせず、1人きりで書ける

「自分視点」「他人視点」「時代視点」の3つに要素分解する

「自分は何者で、どこへ向かっているのか？」の問いに対して…

3つの視点に要素分解する

①自分視点 — 自分の本当の気持ちは？
②他人視点 — 第三者視点ではどうか？
③時代視点 — 時代の動きはどうか？

「分析ノート」の書き方

タイトル 「自分は何者でどこへ向かっているのか?」

〈自分視点〉	〈他人視点〉	〈時代視点〉
本当はいつか起業してみたい。 小さくてもいいから自分のイメージを100%再現できるお店を持てれば嬉しい。カフェとか。	(Aさんの意見) あまり起業というタイプではないけど大丈夫かな。事務処理も苦手だし。ただし、珈琲は博士並みに詳しいね。	クラウドサービスがたくさんあるから事務処理が苦手でも問題ない時代。 本格的で個性的な珈琲店が人気になってきた。
「実現性を無視したときに、本当はどうしたい?」と自問自答して、「気づきノート」の自分のキャリアやビジネス展開のイメージを感情むき出しに書く	「他人は自分をどう見ている? 強みは? 弱みは? 価値は? 自分に合う仕事やビジネスは?」と、自分視点を捨てて客観視して書く	「今の自分の強みはどのタイミングで開花するのか? やりたいことは時代の波にマッチするのか?」と、「一過性の波」と「底流」を見極めて書く

> CHAPTER 2
> キャリアを切り拓く「目標ノート」

環境を作ることが、本当の自分の軸と出会える"成功の鍵"となります。

「他人視点」と「時代視点」のポイント

2つ目の「他人視点」は、いったん自分視点を捨てて客観視することです。「他人は自分をどう見ている? 強みは? 弱みは? 価値は? 自分に合う仕事やビジネスは?」と。

他人から評価をもらうときのポイントは、偏ったタイプの人からだけのフィードバックを受けないことです。仲がいい人、取引先、身内、知人など、4〜5タイプの人からフィードバックを受けたほうが、多面的に自分の掘り下げができます。私の場合は、メールやLINEではなく、直接聴く人数は7人が目安です。また、フィードバックを受ける期間を1週間に設定することもあります。

大切なのは、耳が痛くなる意見も、いったん受け止めてみること。そして1日以上、放ったらかしにします。時間が空いたほうが、冷静に受け止められるからです。"へこまず、怒らず、落ち込まず"の気持ちで受け止めましょう。

3つ目は「時代視点」です。特にビジネスパーソンの場合は、時代の波をどう見極めるのか。時代の波を無視しては、キャリアもビジネスも展望は描けません。「今の自分の強みはどのタイミングで開花するのか? やりたいことは時代の波にマッチするのか?」といった視点です。

注意点は、時代の波の見極めが難しいことです。そこで、「一過性の波」と「底流」の2点だけに着目します。

「一過性の波」とは、スポット的に来ている波のことです。映画、音楽、芸能人、SNS、ダイエット方法など、何が流行っているのかはメディアを通じて確認できます。

「底流」とは、一過性に終わらずに時代の流れとして底に流れているベースです。例えば、AI技術、リモートワーク、仮想通貨などは、底流として今後も存在し続けると思われます。

このように時代の波も確認することで、自分が時代に合わせるのか、もしくは時代を創り出すのかの"判断軸"も見えてきます。時代の波の兆しは、徹底的にインプットして感じ取っていきましょう。

29

CHAPTER 2

目標は３つの切り口で具現化する「キャリア構築ノート」

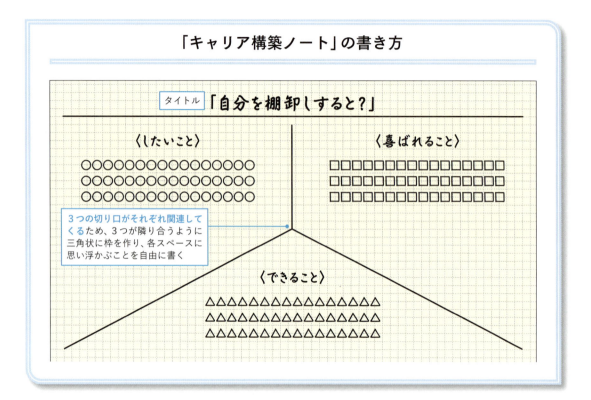

「キャリア構築ノート」の書き方

キャリアや事業の方向性を確認する

　ここでは３つの切り口を使った「キャリア構築ノート」の書き方を紹介します。自分の内面を掘り下げ、俯瞰した上で、キャリアを具体的に方向づけるのです。「半年に１回」ほどのペースで、「自分はいったい何者で、どこへ向かっていくのか」、キャリアや事業の方向性を確認するために書きます。

　３つの切り口は、「したいこと」「できること」「喜ばれること」です。補助線を縦に２本引いて帯状に３分割するのもいいのですが、３つの切り口がそれぞれ関連してくるため、上図のように３つの枠を作り、それぞれのスペースに思い浮かぶことを自由に書いていきます。

　「したいこと」のイメージは、「何か新しいテーマを設定しなければならない」と考えて、手が止まってしまう人もいるでしょう。でも、新たなテーマを設定することだけが、「したいこと」である必要はありません。

　「自ら新たなテーマを設定する」のではなく、「他人のテーマを手伝うことを自分のしたいことに設定する」というやり方もあります。気負わず、自分に合うやり方を選択しましょう。

　次に「できること」です。「したいこと」は不透明でも、「できること」なら挙げられるでしょう。自分の強みや特性などを書くスペースですから、他人からの客観的評価や自己評価は気にしないで書き込みます。

　「できること」とは、例えば「段取り上手である」や「時間には正確に仕事がデキる」「英語が得意」といった些細なことでも、他人の評価が

高いことでも構いません。

自信のある内容であれば、市場評価などは気にせずに書き出します。

ノート上でキャリアの輪郭を作る

最後に「人に喜ばれる（た）こと」です。「したいこと」と「できること」は、基本的に自分視点です。自分視点で描くキャリアは、社会や他人のニーズとマッチするとは限りません。そこで、普段、相手から喜ばれることや過去に喜んでもらえたことなど書き出します。「喜ばれる（た）こと」とは、ニーズがあることなので、「したいこと」や「できること」がマッチすれば、キャリアとして成立する可能性が高くなります。「喜ばれる（た）こと」＝「経済的原動力」に変わる可能性も秘めています。

したいことをできて、自分の強みも発揮できるけど、お金を生むことができなければ、生活はできません。ですから、結果として経済的原動力になるという視点は重要です。

これらの３つの切り口で自分の意思や現状を書き込み、キャリアの方向性が浮かび上がって

きたら、「30文字前後の簡潔な文章」にします。これにより、キャリアのストーリーが少しずつ顕在化していきます。

はじめからキレイな文章にすることはちょっと難しいので、定期的にノートに書くことでアップデートしていきましょう。

私の場合は、かつて事業展開の方向性に悩んだ際、ただ儲かるかどうかの判断基準は捨てて、ゼロから自分を掘り下げて仕事を見つめ直すことにしました。その際に、ノートに書いた内容が下図に示した通りです。

「したいこと」「できること」「喜ばれること」を書き出し、俯瞰して見つめ直すことで、１つの手がかりを得たのです。「自分は、言葉を通じて、人や企業の可能性を引き出すことが好きな人間なんだな」という大きな気づきでした。これが後のコンサルタントや講師、作家業へとつながっていきました。

会社員でも起業家でも主婦でも、これら３つの切り口で具現化すれば、ノート上でキャリア（人生の方向性）の輪郭を作っていくことが可能になります。

CHAPTER 2　キャリアを切り拓く「目標ノート」

私が書いた「キャリア構築ノート」の例

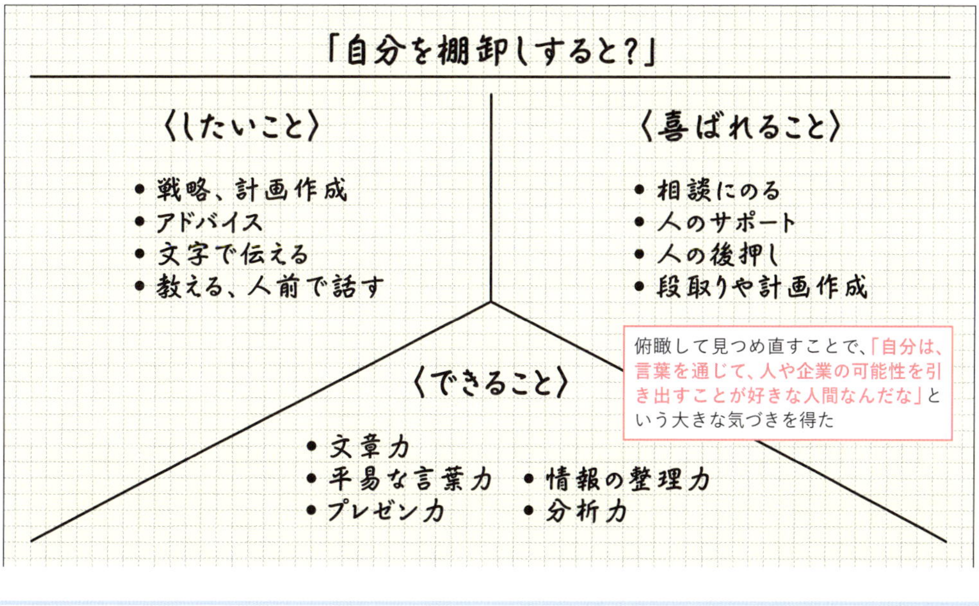

「自分を棚卸しすると?」

〈したいこと〉
- 戦略、計画作成
- アドバイス
- 文字で伝える
- 教える、人前で話す

〈喜ばれること〉
- 相談にのる
- 人のサポート
- 人の後押し
- 段取りや計画作成

〈できること〉
- 文章力
- 平易な言葉力
- 情報の整理力
- プレゼン力
- 分析力

俯瞰して見つめ直すことで、「自分は、言葉を通じて、人や企業の可能性を引き出すことが好きな人間なんだな」という大きな気づきを得た

CHAPTER 2
キャリアを切り拓く「目標ノート」

- キャリアとは「生き方そのもの」。
  自分の未来を描くときに、ノートは最適な案内人になってくれる。

- 理論的にキャリアプラン作成していくのではなく、
  自分の気持ちに正直な心地よいキャリアプランを描く。

気づきノート
- キャリアの方向性は、日々の「気づき」の中にヒントがある。
- 日々の仕事を振り返り、「Goodなこと」「Newなこと」「気づき」を書き込む。
- 「自分がどういう感覚だったのか」まで踏み込んで書くとよい。

- キャリアの展望につながることをノートに書き留める際には、
  「〇〇を書かねばならない」という固定観念に注意する。

- 強引にひねり出した目標設定は、ノートに書き出しても長続きしない。
  自然体でノートに向き合うことがポイント。

分析ノート
- 自分の立ち位置や現況を俯瞰し、「自分／他人／時代」の3つの視点に分解する。
- 「自分視点」には、自分のキャリアやビジネス展開のイメージを感情むき出しに書く。
- 自分を掘り下げるためにも、「他人視点」と「時代視点」を加えるのがポイント。

キャリア構築ノート
- 自分の内面を掘り下げ、俯瞰した上で、キャリアを具体的に方向づける。
- 「したいこと」「できること」「喜ばれること」の交点をあぶり出す。
- ノート上でキャリア（人生の方向性）の輪郭を作っていくことが可能。

CHAPTER
3

第一歩目が軽くなる
「行動ノート」

*Just one notebook makes you
ten times smarter.*

CHAPTER 3

12 ノートを使って動けない自分を変える

ノートで行動管理の仕組みを作る

2020年からのコロナ禍の影響で、在宅ワーク（リモートワーク）をする人が増えました。在宅ワークは監視の目もありませんし、通勤電車に乗らなくてもいいので自由な感覚がします。ただ、自己管理ができていないとすぐにだらけてしまうリスクがあるので、**自由と自律のバランスがとても難しい**のです。

通勤や移動時間がなくなった分、仕事が早くはじめられると思って予定を山盛りにしてみたものの、スマホを覗く時間や休憩時間が長くなり、「今日は眠いから仮眠を15分だけとろう」と1時間も寝てしまう。「明日やればいいか」と言い訳を作っては、曜日感覚までなくなる始末。気づけば、もう1週間が終わっていた……。

告白しましょう。これはコロナ禍で、リモートワークが増えた頃の私の悪サイクルです。そんな堕落した私の行動の"治療薬"となったのが、実は「ノート」なのです。

私のように**意志が弱いと自覚している人、誘惑に連敗中の人は、すぐさまノートを取り出して行動管理の仕組みを作ってください**。だらけずに行動できる方法を見える化するのです。

行動を目に見える形で「**仕組み**」にし、「**記録**」していきます。「何をやるのか？ どう動けばいいのか？ どれくらい進んだか？」など、頭の中にあること、気持ちの中に留めている行動をノートに書き出すだけです。

普段から自己管理ができている人でも、行動の方向性や仕事の進捗が見えなければ、行動の実感が持てずモチベーションが落ちていきます。

自由と自律のバランスはとても難しい

自己管理ができていないと、すぐにだらけてしまうリスクがある

行動方法もやる気の継続も、ノートで見える化して行う

（例）提案書作成タスクの仕組み化
- 取引先向け提案書の作成を毎日30分実施
- 毎朝10時〜10時半に実施
- 在宅ワーク時はリビングの机で実施
- 忘れないようにリマインダーを設定
- BGMはspotifyでカフェ風のものを選定
- 今日のノルマを達成したらチョコレートを食べる

優秀なコーチのようにノートが自分の行動をナビゲートしてくれる！

（例）提案書作成の記録化
- 11/3 構成だけ完成、社内協議
- 11/4 序論の2ページ完成
- 11/5 本論は1ページしか進まず協力会社に相談
- 11/6 本論5ページ完成
- 11/7 結論とプレゼンイメージまで完成　誤字脱字確認のみ未達

意思に頼らない仕組みを作る「仕組み化」

行動の進捗を記録してやる気を維持する「記録化」

「この方向性と方法で動けばいい」とわかれば、不安を解消し行動できるでしょう。「ここまで進んだ！」と実感できれば、自信となりモチベーションも高まることでしょう。前者はノートによる「仕組み化」、後者は「記録化」です。

ノートが自分の"行動コーチ"になる

行動できない人の多くは、自分の意志やモチベーションに頼りすぎています。ビジネスやスポーツの世界で偉業を成し遂げた方を見ると、とても高いモチベーションで努力し続けてきたことがわかります。

そこから影響を受け、仕事で成果を出すためには「高いモチベーション」や「苦しくてもやりきる強い意志」が必要、と感じるかもしれません。もちろん、それらがあれば鬼に金棒ですが、頼るだけでは前進できません。人間は、調子がいいときばかりではないからです。

偉業を成し遂げた方には、多くの場合、メンタルコーチや各種サポーターがついています。つまり、モチベーションと意志だけに頼って自分ひとりで行動しても、なかなかうまくいかな

いのです。でもノートを使えば、意志に頼らない「仕組み」を作り、行動の進捗を「記録」することで、やる気を維持することができます。

さらに、「面倒くさくて行動できない」「不安で行動できない」といった場合も、ノートに書くことで解決できます。

ノートをスマホやテレビゲームの画面に見立てると、「次はこれをやろう」「この問題が障害だから、違う方法に切り替えよう」など、"敵を倒しながらゴールを目指す"ロールプレイングゲームをやっているような心理に変換できます。「この敵を倒せば、次のステージに進める！」といった感情のスイッチが入れば、小さな行動も達成感を得やすくなるでしょう。

自ら目標を設定し、クリアしていく喜びは、単なるゲームとしての感覚ではなく、成果を上げたときの喜びにもつながります。

調子の良し悪しを問わず、行動のナビゲートをしてくれるようなコーチをノート上に作ってみましょう。行動方法もやる気の継続も、自分の意志を過信せずにノートで見える化して行うこと、これが鉄則です。

CHAPTER 3

13 行動をマネジメントする「PDCAノート」

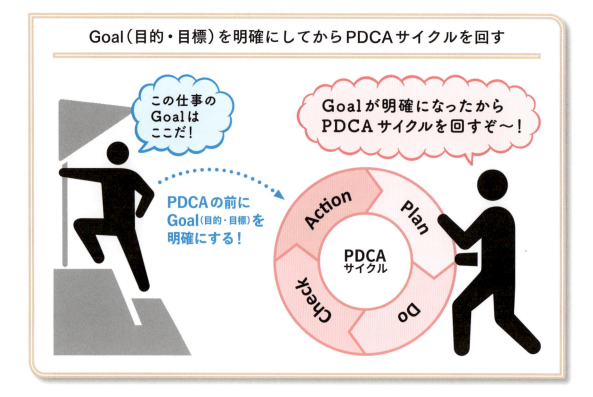

Goal（目的・目標）を明確にしてからPDCAサイクルを回す

「PDCA」をノートで管理する

仕事における「PDCA」は、ノートで管理するのが一番です。PDCAとは、「Plan（計画）➡Do（実行）➡Check（検証）➡Action（改善行動）」の仕事をスムーズに動かすためのサイクルのことです。

PDCAは企業向けの研修などでよく説明され、知られていますが、実はうまく実践できていない人も多いのです。理屈は知っていても、自己流の仕事の回し方が習慣になっているか、なんとなくで仕事をこなしているからです。

そこで、PDCAを自分の感覚で動かすのではなく、ノートで管理していきます。行動の「仕組み」と「記録」をノートに書くことで、仕事の現在位置が確認でき、成果につながる行動がとりやすくなります。

タクシーに乗って目的地を聞かれたときに、「急いでいるので、だいたいで走ってください」と伝えても到着しませんよね。それと同じで、行動においても、自分をナビゲーションしてくれて、ときにはコーチにもなってくれる指針をノートで作ることが肝心なのです。「行動の見える化なくして、行動なし」です。

1つだけ気をつけてほしいのが、PDCAの前に「Goal（目的・目標）」を明確にすることです。頭に浮かんでいることをいきなりノートに書き出してPlan（計画や段取り）を行っても、Goalからズレていたら、いつまで経っても成果は出ません。ノートに書く際は、必ずGoalを明確にすることからはじめます。

Goalとは、「目的」と「目標」のワンセット

です。「目的」とは「何のために行動するのか？」で、「目標」とは「どのような基準をクリアすべきなのか？」のことです。大切なのは、「目標以前に目的を明確にする」ことです。

「G-PDCA」で行動を見える化する

次に「目標」を、「SMARTの法則※」にそって明確にします。SMARTは、「Specific」（具体性）、「Measurable」（計量性）、「Achievable」（達成可能性）、「Relevant」（関連性）、「Time-bound」（期限）の5つの指標の頭文字をとって表現されています。

立てた目標に対して、「具体的で誰もがイメージできるか？」「数字で表現できるか？」「非現実的すぎないか？」「目的とズレていないか？」「期限が明確か？」の確認を行い、目標をクリアにすることが必要です。

単にPDCAサイクルをノートに書くということではなく、行動の前に「Goal」を明確にして、「G-PDCA」を行動の設計図として書き出しましょう。

まず、ノートにはタイトルを書きます。例えば、「効果的なコスト削減とは？」や「ダイエットに成功するには？」などです。

Goalの「項目名」は、語尾を疑問形で書きます。例えば、「ダイエットは何のためにやるのか？（目的）」や「どのレベルをクリアすべきか？（目標）」などです。その上で、自分なりの考えを書いていきます。

"G"が明確になった後は、やるべきことを「Plan（計画）」の欄にリストアップします。次に具体的な行動策を「Do（実行）」に書き、少し時間を空けて「Check（検証）」欄に「できたこと、できなかったこと・できなかった原因」などの振り返りの結果を書きます。そして最後に、「Action（改善行動）」欄にうまくできなかったことに対する改善策を書きます。

ノートは、**1日に1枚のペースでも、1作業につき1枚でも自由に活用してください。**1ページの中に、日常でやるべきことをすべて詰め込む必要はありません。

G-PDCAは仕事に限らず、ダイエットや英会話の学習など幅広く使えるメソッドです。ぜひ、覚えておきましょう。

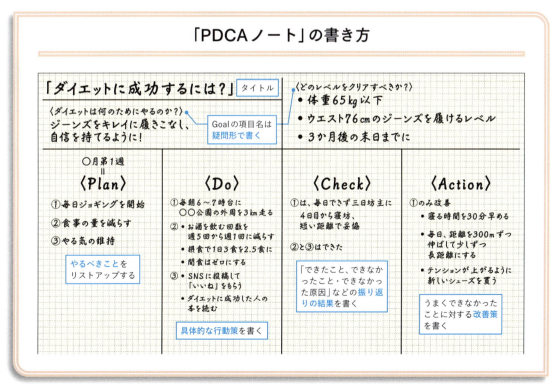

「PDCAノート」の書き方

※SMARTの法則：1981年にジョージ・T・ドランがManagement Review誌に発表した論文の中で紹介され、目標達成を早める5つの指標として広がった。

CHAPTER 3

14 段取り上手になる「ToDoノート」

やるべきことを仕分けする

「日々、やるべきことが多すぎて、結局すべてが中途半端になってしまった」「ToDoリストの項目が、いつも未消化のまま毎日が過ぎてしまう」。これらは、私のクライアント先からもよく出てくる言葉です。Goalは明確なのに、**「うまく行動計画が立てられず、段取りもできない」**という悩みは尽きないようです。

解決策は、**「やるべきことの仕分け作業」**です。ToDoリストの項目は、本当に今すべてやる必要があるのでしょうか？　本当に優先順位が高いのでしょうか？　いったんノートに書き出し、冷静に段取りを見返してほしいのです。

人間のモチベーションは、ToDoリストを書き、やるべきことが見える化されたときに、「今からがんばるぞ！」と一番高い状態になっています。ただ、やるべきことの見極めが、冷静にできなくなることには注意が必要です。

事前に十分に「仕分け」をして、**『本当に「今」「自分が」「100％」目指すことは何か？』**をノートに書き出し、ふるいにかけていきましょう。やみくもに手をつけても、中途半端になってしまいます。力と意識の分散を防ぐためにも、**「今、集中するべき」**的を絞るのです。

特に、「やるべきことが多くて混乱してきた」「一度整理したい」といった場合に有効です。

捨てる仕事をあぶりだす

ノート上部のタイトルには、**「今、本当に取り組むべきことは何か？」**と書きます。これにより、冷静にやるべきことを見極める気持ちのス

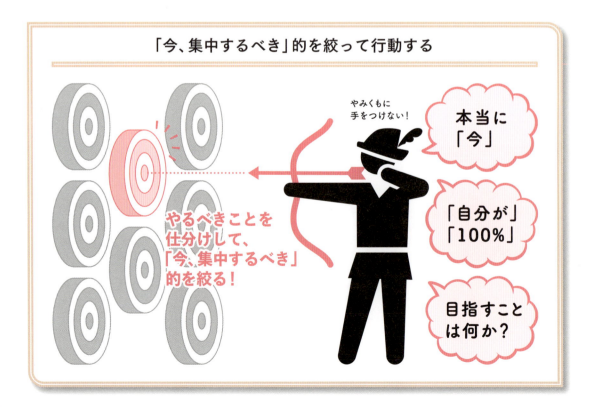

「今、集中するべき」的を絞って行動する

「ToDoノート」の書き方

タイトル 「今、本当に取り組むべきことは何か?」

〈ToDoリスト〉

仕分けしても残ったものが「今やるべきこと」。赤丸で囲むとわかりやすい

- 新規プレゼン用の提案書作成
- 問い合わせ客へのメール
- チーム内の業務マニュアル作成

- 会議用の資料作成
- 後輩用の研修企画
- 部内懇親会の店予約

- 立替経費の精算
- 本日の商談準備
- 書類キャビネットの整理

〈先延ばし〉
- 書類キャビネットの整理
- 立替経費の精算

必ずしも今優先的にやる必要はないことを転記

〈たたき台〉
- チーム内の業務マニュアル作成
- 後輩用の研修企画

仕事の精度が当日中にはあまり求められていないことを転記

〈お任せ〉
- 問い合わせ客へのメール
- 部内懇親会の店予約

他人に任せられるか、もしくは他人の協力を得て行う仕事を転記

イッチを入れます。

次に、上段の「ToDoリスト」欄に、頭の中にあるやるべきことをすべてリストアップします。下段は縦線を2本入れて3分割して、仕分けの基準である「先延ばし」「たたき台」「お任せ」欄を作ります。この3つの欄が、「今」「自分が」「100%」を目指すこと以外を捨てる "ゴミ置き場" です。そこに、ToDoリストから仕分けした項目を転記していきます。

それでもToDoリストに残ったものだけが、「今」「自分が」「100%」やらなければいけないことになります。最後に残った項目を赤い丸などで囲み、あとは行動するだけです。

これは、捨てる仕事をあぶりだす作業とも言えます。「仕事において大切なことは劣後順位の決定である」とは、経営学の大家、ドラッカー博士の言葉です。優先順位の前に、「捨てるべき仕事は何か」の劣後順位をつけることが大事なのです。つまり、[劣後順位(捨てる仕事の明確化)>優先順位(着手する仕事の順番)]ということです。

仕分けの基準である1つ目の「先延ばし」と

いう言葉は、意志が弱く、やるべきことから逃げていると感じるかもしれません。ですが、ここでは "前向きな先延ばし" と捉えます。「今やりたくない」ではなく、必ずしも今優先的にやる必要はないことを、ページ上部のToDoリストから転記します。

2つ目の「たたき台」欄には、仕事の精度が当日中にはあまり求められていないことを書きます。3つ目の「お任せ」とは、他人に任せられるか、もしくは他人の協力を得て行う仕事のことです。自分でなくてもできることに時間を割いても、あなたの価値は高まりません。それならば、他の人に任せたり、協力者を探してサポートをもらいながらスピードアップをはかったりするほうがいいでしょう。

途中に予定外の仕事が割り込んできた場合でも、ノートに仕分けのスペースを設けておくことで、本当に今やるべきかの判断が瞬時にできます。また仕事だけではなく、プライベートでもこのスタンスは同じなので、公私ともに多忙で頭が混乱してきたという場合こそ、ノートで仕分けを行ってください。

CHAPTER 3

15 24時間以内に行動できることを明確にする「すぐやるノート」

行動までのハードルを低くする

うまく段取りができて「今何に集中すべきか」が明確になっても、腰が重たいという経験はありませんか？「計画を立てただけで安心して、行動が鈍る」「段取りに自信が持てずに、一歩が踏み出せない」など、着手までのハードルは予想以上に高く感じることがあります。

それを解消する手段は、**とにかく行動までのハードルを低くする「ベイビーステップ」**。赤ん坊でも乗り越えられるくらいに、目の前のやるべきことのハードルを下げるのです。

どんな難題でも、ベイビーステップに変換できれば、**「面倒くさい」「不安である」**という行動の"足かせ"が瞬時に外れます。24時間以内に"着手だけ"は可能になるはずです。

例えば、英語が苦手だとしましょう。会社から「1年後には英会話をネイティブ並みにマスターしてほしい」と言われたら、何から取り組みますか？ 英会話学校に入学？ 字幕なしで洋画を観る？ 英語が苦手な人にとっては、これでもハードルが高く感じられます。

でもベイビーステップに変換すれば、一歩目は「単語帳を開くだけ」という小さな設定になります。「毎日英単語を100語覚えよう！」ではないので、気が乗らなくても、まずは単語帳を開くだけでいいのです。

物足りないくらいがちょうどいい。周りに発表すると笑われるけど、**「もうこれ以上ハードルが下がらないよ！」**というくらい、少しもストレスを感じないレベルを目指してください。

実際には、**着手したら物足りなさを感じて、**

少しだけ行動をはじめてしまいます。「物足りない」という渇望感を利用するのです。単語帳を開いたら「3 つくらいは覚えようかな」と自然と体が動くように、行動までのエンジンが、どう簡単にかかるようにするかがポイントです。

ToDoリストを小さな一歩目に変換

そこで、着手までのハードルを軽々と乗り超える習慣を身につけるために、ノートを使ったトレーニングを行います。頭の中で、ベイビーステップに自動的に変換するクセがつくまででも構いません。

ToDoリストの項目すべてをベイビーステップに変換するのではなく、まずは 1 つだけ重要なものに絞って試してみましょう。おすすめは「先延ばししていること」、もしくは「難題だけど重要なこと」です。

ノートはタイトルを書いた後、縦に補助線を 1 本引いて左右に 2 分割にします。左半分には、先述した優先順位や劣後順位も意識して、ToDoリストを書きます。次に、ToDoリストより「先延ばししていること」、もしくは「難題だけど重要なこと」を 1 つだけ選択して赤丸をつけてください。

次は、赤丸をつけた項目を右半分の①に当てはめて、はじめの第一歩目を考えます。例えば、「英会話学校の入学手続きをする」とします。英語が苦手だと、入学手続きでさえ面倒で、気が乗らないときもあるでしょう。

そこでハードルを下げて、「英会話学校に入るためには、数校比較したいので資料請求をする」とします。さらにハードルを下げて、「資料請求するためには、スマホで検索画面を開く」とします。ここまでハードルが下がれば、入学手続きに気が乗らなくても、24時間以内にストレスなく"着手だけ"はできそうですよね。

このように難題にチャレンジするとき、あるいはどうしても気が乗らないときは、3段階くらいハードルを落としてみてください。「モチベーションを上げなければならない」と肩に力が入ってストレスを感じるくらいなら、ノートでベイビーステップへの変換を淡々と書き出していくほうが、よほどスムーズに、はじめの第一歩が踏み出せます。

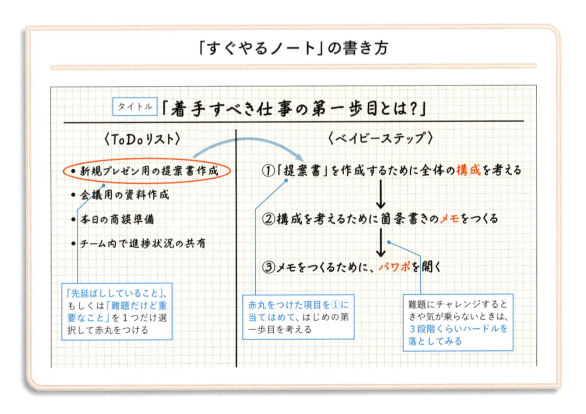

「すぐやるノート」の書き方

CHAPTER 3

16 さぼらずゴールまで導いてくれる「やりきるノート」❶

「やりきるノート」の書き方

「日記を書き続けるためには?」 タイトル

〈目的は何のため?〉

左側はやりきるための「ルール」のスペース

〈目標はどのレベル?〉

右側は1か月分の「記録」のスペース

1)実行ポリシー

行動するための"初期設定"。「①いつ/②何を/③どのように/④どこで/⑤どれくらいやるのか?」など、進めるためのパターンを作る

2)例外ポリシー

予定通りに行かなかった場合のみ、例外の対策として「行動できなかったときの代替案」を先に決めておく

〈Action〉

行動の記録表は、凝りすぎないことがポイント。「できたときは○、できなかったときは×」をつける超シンプルなものでもOK

3)継続ポリシー

継続するために必要なネタを用意する方法。やりきった後の自分へのご褒美=アメ、まさに自分にムチを打つためのネタ=ムチを同時に設定する

〈Memo〉

記入例

〈Action〉項目が1つの場合

「日記を書き続けるためには?」

〈目的は何のため?〉
日々のストレスを和らげるため

〈目標はどのレベル?〉
- 1年間継続できるレベル
- 購入した3冊のノートを使いきる
- 日々のストレスがなくなり、自信もつく状態

1)実行ポリシー
①いつ……毎日夜22時から
②何を……「振り返り日記」の記入
③どのように……1日3行だけ箇条書きで
④どこで……自宅の机にて
⑤どれくらいやるのか?……3分間限定で実施

2)例外ポリシー
- 例外①……飲酒した日は翌朝6時から
- 例外②……眠いときは1行だけ記入
- 例外③……体調が悪い日は過去分を眺めるのみ

3)継続ポリシー
- アメ……半年継続で万年筆を購入する
　　　　　1年継続で最新のスマホに買い替える
- ムチ……SNSで日記開始の宣言を書き込み
　　　　　1日サボれば100円を貯金箱に入れる

〈Action〉

	(月)	(火)	(水)	(木)	(金)	(土)	(日)
1週目	○	○	○	○	○	×	○
2週目	×	○	×	○	○	○	○
3週目	○	×	○				
4週目							

〈Memo〉
- 連続記録が途絶えたのでムチを増やす

挫折しないための「仕組み化」と「記録化」がポイント

成功するために必要な「やりきる力」

「夢を掴むことは一気にはできません。小さなことを積み重ねることでいつの日か信じられないような力を出せるようになっていきます」。

野球で世界記録を作ったイチローさんの言葉ですが、実際には真逆になってしまうことが多いものです。

ジョギングは3日目で中止、英会話塾は1か月で中退、中小企業診断士の資格取得勉強は3か月で停止、勤務先は2社とも2年未満で退職。ひどい挫折を繰り返す25歳の青年。これは社会人になって3年間の私の"継続敗戦記"です。

小さな目標を設定して、せっかく行動まで踏み出せるようになったのに、何も長続きしません。原因は明確でした。「意志が強くないと継続できない」と思い込んだからです。

意志を強くするために、各界で偉業を成し遂げた方のインタビュー映像を観てから、はじめの一歩目を踏み出していたのです。しかしモチベーションは一歩目がピークで、その後は必ず急降下していきました。「面倒くさいな」「今日はしんどいな」「これをやって、何になるのだろう？」と。

私だって、イチローさんだけでなく、スティーブ・ジョブズ（アップル創業者）も、マイケル・ジョーダン（バスケットボールの名選手）も、毎日コツコツと決めたことをやりきったからこそ、偉業を成し遂げたことくらいは知っています。

成功する人に共通するのは、才能や環境ではなく、「やりきる力」があるかです。2016年に、アメリカの心理学者で、ペンシルヴァニア大学のアンジェラ・リー・ダックワース教授が提唱した「GRIT」理論でも実証されました。

振り返ってみると、私は多くのことを、1週目で8割ほどやめてしまう傾向がありました。つまり私の意志力は、平均すると1週間が賞味期限というわけです。たとえ2週目、3週目に進んでも、友達からの誘いなどで集中できず。なんとか4週目に進んでも、飽きてしまって気が散るばかり。こうして1か月間で、「やりきる力」はものの見事に打ち砕かれていました。

その後、20代で起業していた私は、このままでは生活ができなくなると思い、「なんとか1か月間は継続できる力を身につけよう」と考え方を変えました。根拠なき意志ではなく、「どうすれば決めたGoalまでやり続けることができるのか」を模索し、手はじめに戦略を立てようとノートを開いたのです。

「仕組み化」と「記録化」がポイント

まず、Goalを明確にします。冒頭の話でいえば、そもそも「何のために資格を取得しようとしているのか？」「どのレベルを目指すのか？」といったGoalがありませんでした。

Goalの明確化は、自分の動機づけになるため、何より優先して行っておくべきことです。さらに、自身の体験に基づき、挫折しないための「仕組み化」と「記録化」を試みました。

ノートの中央に縦に補助線を1本引いて、左右2分割にします。左側にはやりきるための「ルール」を、右側には1か月分の「記録」をつけていくだけと、シンプルな仕様です。「ルール」もなく、意志の力だけに頼っては挫折してしまうので、「何をどういう点に気をつけて実行すればいいのか」の仕組みを考えるのです。頭の中で思い描いているだけでは忘れてしまいますからね。

また、「今どれだけ進んだか」が見えないと、「このまま続けても意味があるのかな……」という疑念が脳裏を駆け巡ってしまいます。そこで、確実にGoalに近づいている様子を「記録」して挫折を防ぎます。

ノートの左側には、主に自分を動かすためのルールを3つの視点で書き出します。注意点は「○○ルール」と書かないこと。「ルール」という言葉は、ストイックで苦しいイメージがあるためです。私は「○○ポリシー」というネーミングをつけます。ポリシーは、「実行ポリシー」「例外ポリシー」「継続ポリシー」の3項目を書きます。**（44ページに続く）**

CHAPTER 3

さぼらずゴールまで導いてくれる「やりきるノート」❷

自分を動かすための3つのポリシー

3項目の1つ目の「実行ポリシー」は、行動するための"初期設定"です。「①いつ/②何を/③どのように/④どこで/⑤どれくらいやるのか？」など、進めるためのパターンを作ります。気の向くまま行動してもすぐに崩れてしまいますので、「毎日やってみよう！」と思えるパターンを決めておくわけです。

例えば、「①毎日夜22時に/②振り返り日記を/③1日3行だけ箇条書き形式で/④自宅の机で/⑤5分間限定で書く」とします。②と③は、状況により「ベイビーステップ」に変換してから書くことも有効です。

次に「例外ポリシー」です。せっかく行動パターンを初期設定しても、「子供が急に熱を出した」など、イレギュラーなことが割り込むものです。予定通りに行かなかった場合のみ、例外の対策として「行動できなかったときの代替案」を先に決めておくのです。

例えば、体調が悪く気が乗らないときには、「さらにハードルが低いベイビーステップを設ける」などです。「毎日1章ずつ読書」と決めていたら、「10行だけ読んで寝る」。ただし、基本は超低空飛行でもいいから、意地でも何かをやり続けることをポリシーにしてください。

「継続ポリシー」は、継続するために必要なネタを用意する方法で、アメとムチを同時に設定します。Goalに向けてやりきった後の、自分へのご褒美がアメ。まさに自分にムチを打つために、「SNSで目標を公言する」「定期的に友人にフィードバックをもらう」などがムチです。

自分を動かすための3つのポリシーを設定する

①実行ポリシー	②例外ポリシー	③継続ポリシー
行動するための"初期設定"	行動できなかったときの代替案	継続するために必要なネタ
①いつ ②何を ③どのように ④どこで ⑤どれくらいやるのか？ 行動を進めるためのパターンを作る	「毎日1章ずつ読書」と決めていたら… 今日は、10行だけ読んで寝よう！ ちょっと体調が悪いから無理せずに	Goalに向けてやりきった後の自分へのご褒美 — アメ まさに自分にムチを打つためのネタ — ムチ

時間を小刻みにして行動すると、ムリなく集中できる

有名な時間管理術の1つ「ポモドーロ法」の流れ

25分の作業	5〜7分の短い休憩	→	25分の作業	5〜7分の短い休憩	→	25分の作業	5〜7分の短い休憩	→	25分の作業	5〜7分の短い休憩	→	15〜30分の長めの休憩

「25分の作業」と「5〜7分の短い休憩」を1セットとして、
数回繰り返したら「15〜30分の長めの休憩」をとる

短い時間に区切ることで「締め切り効果」が生まれ、集中力が増す

時間を小刻みにして行動する

　3つのポリシーの中でも特に大切にしていることは、「実行ポリシー」の「①いつ」と「⑤どれくらい」です。いわば時間の使い方の工夫です。何かに取り組むときに、時間を小刻みにして行動することをおすすめします。

　仕事のスケジューリングでは、「1時間で○○をしよう」「会議は2時間で設定しよう」など、長めに時間を見積もるケースが多いものです。しかし、長めの時間ではすぐに達成感を得られないので、挫折してしまうリスクがあります。また同じことを長時間継続すると、退屈して集中力を欠いてしまいます。

　有名な時間管理術の1つに「ポモドーロ法※」があります。「25分の作業」と「5〜7分の短い休憩」を1セットとし、数回繰り返したら「15〜30分の長めの休憩」をとる方法です。

　25分という短い締め切り時間を設定すると、それ以降は強制的にできなくなるため、「何としても終わらせなければ」という意識になります。また、他のことを考えてしまうなどの迷いがな

くなります。

　これぞ「締め切り効果」です。何分刻みにするかはテーマによって変わりますが、小刻みにすることで「ムリなく集中できる」仕組みを考えてみましょう。

　ノートの右半分の記録表は、あまり凝りすぎないことがポイントです。エクセルで別シートを作る人もいますが、パソコンを開くことも面倒になり、続かなくなるリスクがあります。私は1か月（はじめに挫折しやすい人は1週間でもOK）のスケジュールを書き出し、「できたときは○、できなかったときは×」をつける超シンプルなものにしています。

　そして〈Action〉は、最大でも3項目にします。例えばダイエットなら、「①3キロ走る／②飲酒はビール1本以内／③1日2食にする」と書き、○×をつけます。これにより、毎日の行動が見える化され、簡単にサボれなくなる意識に自分を変えていきます。

　単なる記録だけでなく、ポリシーとセットで記述することで、ノートはあなたのコーチになってくれます。

※ポモドーロ法：イタリア人のフランチェスコ・シリロにより考案。ポモドーロとはイタリア語でトマト（トマト型のタイマーを使用したことに由来）を意味する。

CHAPTER 3
第一歩目が軽くなる「行動ノート」

まとめ

> 意志が弱いと自覚している人、誘惑に連敗中の人は、
> ノートで**行動管理の仕組みを作る**とよい。

> ノートを使って意志に頼らない**「仕組み」**を作り、
> 行動の進捗を**「記録」**すれば、**やる気を維持する**ことができる。

PDCAノート
- 「PDCA」の前に**「Goal（目的・目標）」**を明確にする。
- その「Goal」を加えた**「G-PDCA」**で行動を見える化する。
- 1日に1枚のペースでも、1作業につき1枚でもOK。

ToDoノート
- 『本当に「今」「自分が」「100％」目指すことは何か？』をノートに書き出す。
- 「やるべき仕事」と「捨てる仕事」を**ノートで仕分け**する。
- 力と意識の分散を防ぐためにも、**「今、集中するべき」的を絞る**ことが重要。

すぐやるノート
- 行動までのハードルを低くする**「ベイビーステップ」**に変換する。
- すると「面倒くさい」「不安である」という**行動の"足かせ"が瞬時に外れる**。
- 難題にチャレンジするときは、**3段階くらいハードルを落として**みるとよい。

やりきるノート
- やりきるための**「ポリシー」**と、1か月分の**「記録」**をつけていく。
- 挫折しないための**「仕組み化」**と**「記録化」**が最大のポイント。
- 毎日の行動が見える化され、**簡単にサボれなくなる意識**に変わる。

CHAPTER

4

今に集中できる
「振り返りノート」

*Just one notebook makes you
ten times smarter.*

CHAPTER 4

18 ノートによる振り返りなくして成長なし！

自分を見つめ直し、自分の頭を整理する時間を持つ

いったん立ち止まって振り返りをすることの効用
① 客観的になれること
② 自分らしさを取り戻せること
③ 新たな決断ができること

いったん立ち止まって振り返りをする

「忙しい毎日を過ごしているけれど、このままでいいのかな？」と、たまに不安に思う経験はないでしょうか？　時代が激変する中で、日々の仕事や生活に確信を持てないといった声をクライアントからもよく聞きます。

毎日やみくもにToDoリストをこなし続けても"多忙中毒"になるだけで、不安は解消しないでしょう。いったん立ち止まって振り返りをすることが必要です。

毎日の忙しさにクサビを打ち込み、じっくりと自分を見つめ直し、自分の頭を整理する時間を持つことを「リフレクション（内省）」と呼びます。「今、自分はどこに位置して、どこへ向かっていくのか？」という根源的な問いを投げかけ、自分と対話する時間を持ちます。

キャリアを切り拓くためのプランをノートに書いたとしても、目の前の仕事や世間のノイズに邪魔をされては実現しません。振り返りと軌道修正を繰り返すからこそ、人生の上昇気流に乗るチャンスが生まれるのです。

振り返りの効用は3つあります。「①客観的になれること」「②自分らしさを取り戻せること」「③新たな決断ができること」です。

振り返りは、ノートを使って見える化をすることがポイントです。自分の頭の中や本当の気持ちが明確になり、何に悩み、どこが課題なのかがクリアになります。

また、何が自分にとって大切なことなのかを冷静に見つめ直すことができます。世間からのノイズや周りからの同調圧力を脇に置き、自分

らしさを取り戻せるキッカケになります。そして、「次はどう進んでいこうか？」と自分と対話しながらノートに書き出すことで、新たな行動の決断にもつながります。

振り返りの時間が人生を左右する

ノートに書き出す際は、下図の３つのルールを大切にします。

振り返りを行う場所は、"自分だけの聖地"として決めます（ルール①）。普段と違う環境に身を置くことで、いつもと違う視点で自分を客観視できるからです。日常の忙しさや目の前のやるべきことから離れる点で、大切なことです。

時間をあらかじめ先々まで確保しておくこと（ルール②）も大切です。「余裕があれば振り返りの時間にしよう」と考えていると、いつまで経っても時間は確保できません。急に別の用事が割り込んでくることもあるからです。

そこで、月初に当月分の振り返りの予定をすべて入れておきます。他人との約束や日常業務の予定はスケジュールに入れますが、自分との約束は後回しにしがちです。振り返りは自分のキャリアや人生を好転させるかもしれないので、**自分とのアポイントは先送りにせず、大切に扱ってください**。１日10分でもOKです。

その後、スケジュール帳に、振り返りの時間として「じぶん会議」と即座に記入します。単に「振り返り」とするよりも、「じぶん会議」の名前で予定にすることで、アポイントをより大切にする気持ちになります。

また、場所と時間を決めた上で、**「緊急ではないが重要なこと」を重点的に振り返ってください（ルール③）**。ToDoリストや日常業務は、緊急なものほど自然と振り返り、随時軌道修正するでしょう。しかし、緊急性のないことや期限は決まっていない中長期的なことを整理する時間は、意識しないととれません。

「緊急ではないが重要なこと」とは、自分のキャリア、ビジネスの戦略、家族とのすごし方、「やるべきこと」ではなく「心底やりたいこと」などです。もちろん短期的なことの振り返りがダメではありませんが、時間を強制的に確保してまで行うので、**普段じっくりと考える時間がとれないテーマを設定**しましょう。

ノートに書き出す際に大切な３つのルール

① 自分だけの聖地で行うこと
大好きなダージリンティーを飲みながら！
あの静かなカフェで振り返ろう

② 自分にアポイントを入れること
早いうちに自分へのアポイントの時間を確保しておこう♪
金曜日の○時はじぶん会議！

③ 緊急ではないが重要なことを振り返る
- 自分のキャリア
- ビジネスの戦略
- 家族とのすごし方

普段、じっくりと考える時間がないからしっかり振り返ろう
自分が心底やりたいことは？

CHAPTER 4

19 人生で大切なことに フォーカスする「時間配分ノート」

ノートで時間配分を振り返る

あなたは時間配分の見直しを定期的にしていますか？　時間をどう配分するかは、常に私たちの行動に密接に結びついてきます。

時間配分の見直しは、週に1回程度でいいでしょう。日々の細かいスケジュール管理も大切ですが、ここでは大きな視点で、時間の使い道の「方向性」＝自分の目標達成の近道になる時間の使い方をしているかなどを振り返ります。

週初めの朝一番、仕事をはじめる前に10分程度で振り返り、「前の週は、何にどの程度時間を使ったのか」「今週は、どこに重点を置いて時間配分をするか」の2点を主に検討します。

まずはノートの冒頭に、「先週の時間配分と今週の重点分野とは？」とタイトルを書きます。

次に補助線を2本引き、3分割してください。左から「他人仕事」「自分仕事」「プライベート」に分けます。

「他人仕事」とは、会議や商談など、他人との約束・アポイントです。「自分仕事」とは、他人向けの案件でも黙々と自分ひとりで行う仕事や、自分のための仕事です。「プライベート」は、仕事や業務以外のこと。家族との時間、趣味、スポーツ、または自己啓発の時間を指します。

それぞれの記入は、赤・青・緑など3色ボールペンで色分けをすると、視覚的にも配分がパッと見て整理できるので有効です。

各項目にはスケジュールではなく、先週分の実績を書き出します。時間配分の振り返りが主な目的なので、やったことの項目名と自己評価を書きます。項目名には、実際のタスク名を書

定期的に時間配分の見直しをする

前の週は、何にどの程度
時間を使ったのか？

今週は、どこに重点を
置いて時間配分をするか？

目標達成の近道になる
時間の使い方を
しているかな？

**前の週に
やったこと**

**今週に
やること**

週初めの朝一番、仕事をはじめる前に10分程度で振り返る

「時間配分ノート」の書き方

タイトル 「先週の時間配分と今週の重点分野とは？」

〈他人仕事〉	〈自分仕事〉	〈プライベート〉
（予）30%	（予）50%	（予）20%
（実）50%	（実）35%	（実）15%

（予定した時間配分と実際の時間配分を「%」で書く）

他人仕事		自分仕事		プライベート	
● 後輩との勉強会	×	● 立替経費精算	×	● フィットネスクラブで筋トレ	△
● 新規取引先との商談	○	● 教育プログラムの作成	△	● ゴルフの練習	△
● 不具合の解決策実行	△	● 会議資料の作成と段取り	×	● 家族と週末にキャンプ	○

各項目にはスケジュールではなく、先週分の実績を書き出し、○△×で自己評価する

〈今週の重点分野：どこにフォーカスすべきか？〉 「気づきと今週の対策」を書くスペース

後輩を育成するための教育計画と準備に少なくとも3分の1の時間をあてる

きます。自己評価には、予定通りにできた場合ややる意義があった内容であれば「○」、どちらとも言えない場合は「△」、予定通りにできなかった場合や重要でもなかった内容であれば「×」をつけ、シンプルに自己評価します。

最後に、予定した時間配分と実際の時間配分を「%」で書きます。「全体が100%とした場合にその内訳が何%だったか」というイメージの記述です。「実際の時間配分」は、厳密な計算をしなくてもOKです。

「他人仕事」「自分仕事」「プライベート」の3分野に関して、だいたいの割合を書くだけです。これにより、3分野がどのようなバランスで1週間を経過したかが直感的にわかります。

時間のかけどころを見極める

ページの一番下には、「気づきと今週の対策」を書くスペースを設け、1週間の重点分野を探ります。例えば、3分野のバランスを見て「当初の予定よりも他人仕事に偏り、じっくりと自分で戦略を考える仕事を疎かにしていた」などの気づきを得られます。

その上で、重点を置く時間配分を設定します。「今週はプライベートの比重を高め、特にプレゼン力を上げるためのセミナーの受講時間を増やす」などです。

時間配分を見直すためのノートは、振り返りそのものが目的ではありません。3分野の振り返りを通じて、「どこにフォーカスすべきか？」を見出すことです。

日常生活でも仕事でも、時間は有限です。その中で、いかに最大のパフォーマンスや最高の幸せを見出すかが大切です。すべて均等に時間をかけ、すべてを手に入れようと思っても、そう簡単にはいかないでしょう。

「あれも、これも」やらなければいけない（足し算思考）という衝動を、ノートに時間の振り返りを書き出すことで封印してください。「あれか、これか」の選択と集中（引き算思考）を行い、目標達成のために必要な時間のかけ方を見極めることが重要です。

ただ時間をかけて努力するのではなく、時間のかけどころを見極め、"筋がいい努力"を心がけることが、目標達成の近道となります。

CHAPTER 4　今に集中できる「振り返りノート」

CHAPTER 4

20 アスリートだけのものではない「心・技・体」ノート

「心・技・体」による整理を活かす

スポーツの世界では、「心・技・体」の言葉がパフォーマンスを向上させる3要素としてよく使われます。この3要素は、スポーツに限らず、仕事や日常生活における「振り返り」にも活用できます。

「最近、目標達成に向けてあまり進んでいない」「何となく、気持ちがモヤモヤしている」「やるべきことが多くて、頭がゴチャゴチャしてきた」。そんなときは、一度、今の自分を振り返る上で「心・技・体」の状況をノートに書き出し、自分の調子を見える化してみるのです。3要素のバランスを大きく欠いていると、進捗が滞り、モチベーションも上がってきません。

「心・技・体」による整理を活かすために、まずは3要素の意味合いから確認しましょう。スポーツ以外で応用する場合にでも、その意味合いはさほど変わりません。

- 【心】……感情、気持ち、モチベーション、考え方など
- 【技】……スキル、ノウハウ、工夫など
- 【体】……体調、もしくは体制（ルール、環境、条件など）

「体」は、スポーツの世界と同じく体調・健康面などの身体の状態を意味しますが、仕事など内容によっては「体制（仕組み・環境）」と意訳して使うことも有効です。

多方面から自分を客観視できる

ノートは3分割にして、「心・技・体」の枠組みを作ります。何となく日常を振り返るより、

あるテーマに基づいて振り返ったほうが実用的です。

例えば、「ワークライフバランスの充実とは？」「チームワーク作りの進み具合は？」などです。**今、気になっていることや目標をタイトルとして書いておくと**、意識のスイッチが入って効果的です。

枠組みの上にタイトルを記入したら、3要素の項目に現在の状況を書きます。毎日10分程度でも、週末にまとめて書いてもOKです。

「**3要素を見て手薄な点、課題は何か？**」「**この1週間、どのような状況だったか？**」「**翌週から、3要素の時間配分はどうするか？**」など、自分に質問しながら書くことで、振り返り内容がクリアになります。また、3項目に自分なりの気づきを書いていくことも、次の行動改善につながる有効な手段です。

この「心・技・体」による3分割ノート法は、**キャリアアップやビジネス展開の検討の際にも応用できます**。

実際に私のセミナーを受講し、大手メーカーのマーケティング部で働いていた女性は、このノート術により希望する会社に転職できました。

彼女は転職するか悩んでいる際、当初は転職そのもののメリット／デメリットの2軸で検討していたけれど、どうも深掘りできませんでした。さらに、不安な気持ちが強かったため、デメリットばかりが多く出てしまい、暗礁に乗り上げてしまったのです。そこで、「心・技・体」による3分割ノート法で、**自分自身を客観的に振り返っていった**そうです。

キャリアを考える際は、さまざまな不安が押し寄せてくるものです。ときにはネガティブな考えが頭の中で堂々巡りし、他人のアドバイスに引きずられ、何が一番自分にとって正しい答えかわからなくなってしまいます。

そんなときでも、「心・技・体」の3つの切り口からノートに書き出すことで、**自分をより客観視でき、納得がいく新たな人生の第一歩を踏み出せる**のです。

日々の生活や仕事を3要素に分解し、1つではなく多方面からノートで客観視することは、キャリアやビジネスの新たな一歩を踏み出すキッカケにもなるのです。

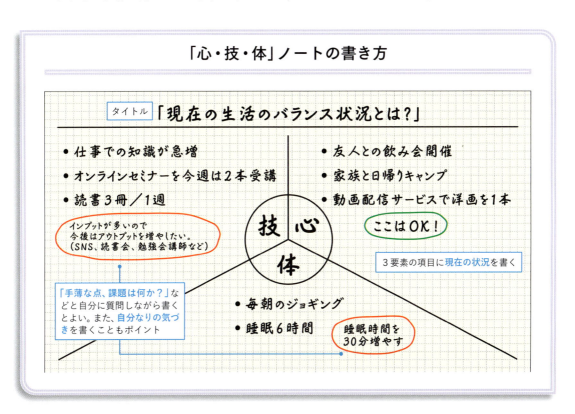

CHAPTER 4　今に集中できる「振り返りノート」

CHAPTER 4

21 日々の学びからパワーアップさせる「YWTノート」

脳はネガティブな刺激に強く反応する

以前、「振り返り」をすると自己肯定感が下がってしまうと嘆いていた女性がいました。彼女は共働きで子育てしながらの多忙な生活の中、「良かった点と悪かった点」をノートに書き、日々向上しようとがんばっていました。が、「振り返りをすればするほど反省点ばかり、自分はなんてダメな人間なんだろう……」と思うようになったそうです。

なぜ彼女は、前向きに進んでいくための振り返りがネガティブなほうへ流れていってしまったのでしょうか？

振り返りを行う際の視点に「良かった点」と「悪かった点」の２つを使う人が多いようです。この２つの視点はシンプルでわかりやすいものの、一定のリスクがあります。「悪かった点」という言葉の響きが、嫌な思い出をよみがえらせ、自己肯定感を下げてしまうのです。「良かった点」と「悪かった点」では、やはり「悪かった」の言葉の響きに引きずられてしまいます。

これは「ネガティブ・バイアス」という脳の働きが原因です。アメリカの心理学誌「Psychology Today」の中で、当時オハイオ州立大学（現在：シカゴ大学）のジョン・カチョッポ博士が行った研究によると、脳はネガティブな刺激に強く反応していることがわかりました[※1]。つまり、良いニュースよりも悪いニュースのほうが、私たちの態度に大きな影響を与えるのです。

冒頭の彼女には、振り返りは自分にダメ出しをするのではなく、前進していくためのヒントを見出すことが大事だと伝えました。すると、

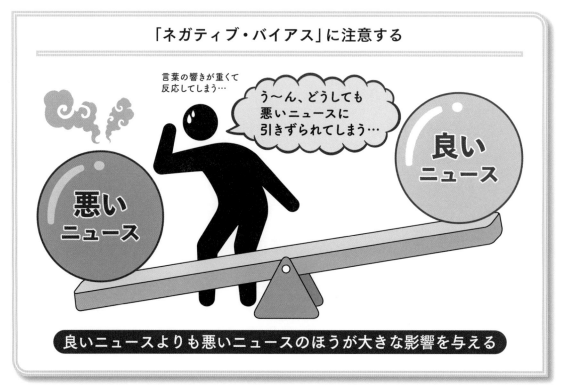

「ネガティブ・バイアス」に注意する

良いニュースよりも悪いニュースのほうが大きな影響を与える

※1：『Psychology Today』「Our Brain's Negative Bias」2003.6

「YWTノート」の書き方

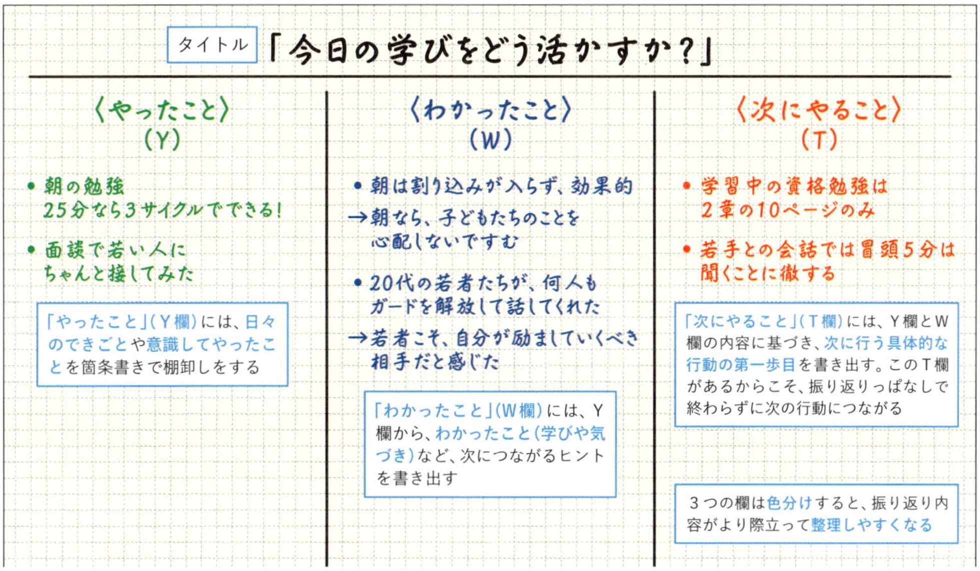

タイトル 「今日の学びをどう活かすか？」

〈やったこと〉 (Y)	〈わかったこと〉 (W)	〈次にやること〉 (T)
• 朝の勉強 25分なら3サイクルでできる！ • 面談で若い人にちゃんと接してみた	• 朝は割り込みが入らず、効果的 →朝なら、子どもたちのことを心配しないですむ • 20代の若者たちが、何人もガードを解放して話してくれた →若者こそ、自分が励ましていくべき相手だと感じた	• 学習中の資格勉強は2章の10ページのみ • 若手との会話では冒頭5分は聞くことに徹する

「やったこと」（Y欄）には、日々のできごとや意識してやったことを箇条書きで棚卸しをする

「わかったこと」（W欄）には、Y欄から、わかったこと（学びや気づき）など、次につながるヒントを書き出す

「次にやること」（T欄）には、Y欄とW欄の内容に基づき、次に行う具体的な行動の第一歩目を書き出す。このT欄があるからこそ、振り返りっぱなしで終わらずに次の行動につながる

3つの欄は色分けすると、振り返り内容がより際立って整理しやすくなる

CHAPTER 4 今に集中できる「振り返りノート」

振り返りの捉え方が変わり、毎日楽しく振り返りができるようになったそうです。

経験から得る「学び」を重視する

もちろん、コツは捉え方だけではなく、前向きに振り返りをするノート術にもありました。

ノートを使って振り返りをするときの視点は、「やったこと（Y）」「わかったこと（W）」「次にやること（T）」の3点セットをおすすめしています。日本語の頭文字をとって「YWT※2」とも言われている方法です。「YWT」の振り返りノートの書き方は上図の通りです。

「YWT」の3つの視点の中には、ネガティブな言葉は含まれていません。ポイントは、「いい／悪い」や「できた／できなかった」ではなく、「できごとから何を学び、次にどう活かすか」という点です。

良かったことも悪かったことも、結果を振り返ることだけが目的ではありません。軌道修正を繰り返しながら、徐々に目標に向けてステップアップしていくこと、そのためのヒントを見出すことが振り返りの真の目的です。ならば、

自分をパワーアップさせる「学び」に着目すべきなのです。

さて、ここで冒頭の彼女の話に戻しましょう。アドバイスの後、彼女はノートを使った振り返りをさらに手厚くしていきました。

ノートにYWT視点の振り返りを書き出し、さらにその内容をSNSに投稿して、友人からの反応（前向きな提案やフィードバック）を得る2段階式で行うように工夫しました。これにより、周りの知恵も入れた手厚い振り返りが可能になり、ノートの内容が日々の戦略マニュアルのように進化していったそうです。

人が成長するために「何からどのくらいの割合で学びを得るのか」を示した「7：2：1の法則」では、「7割は経験から学び、2割はアドバイスやフィードバックから学び、1割は研修や教育から学ぶ」とされています。

「YWT」の振り返りノートでは、「やったこと（Y）＝経験」から振り返りがスタートするため、単に「いい／悪い」「できた／できなかった」という印象論に終始せず、経験から活きた知恵を学べる点でも優れていると言えます。

※2 YWT：「日本能率協会コンサルティング」が提唱し、日本で開発されたフレームワーク（仕事の要素や情報を整理するための思考の枠組み）。

CHAPTER 4

22 熟睡を可能にする
寝る前の「3行ノート」

「寝る前にたった3行だけ」なら継続も容易！

> 手書きの日記をつけると
> 自律神経が整い、心身を
> コントロールできるようになる

> それも、寝る前に
> たった3行だけ書けばいい！

無意識のプレッシャーで憂鬱に

　私は40代のはじめ、自分の会社が新年度に移る時期に、原因不明の憂鬱に襲われました。「起業して20年経って本も出したけど、自分は何もなしえていないのでは？」「このままで後世に何を残せるのか？」「結局、自分は何がしたくて、どこに向かっているのか？」と焦りにまみれた自問自答ばかり。世界は猛烈なスピードで変化し、20代でも上場企業を築く人間が世界中で続出。「このままでは、自分だけが時代に取り残されるのでは？」「書籍や講演で他人には喝破しているくせに、一番自分が進化していないのではないか」。やがて、夢を語ることも、熱を込めて語ることも急減しました。

　自分への無意識なプレッシャーで、突如、中

年の憂鬱が襲ってきたのです。この未体験の憂鬱さは、仕事に向かう足取りも重くしました。

　人に会いたくない。何も考えずに寝ていたい。でも、元気な姿で仕事に行かなければ迷惑をかけてしまう。これまで築いてきた信用も一気に崩れ去ってしまう。でも、人前では強引に笑顔を作って、ギリギリの気持ちを隠していました。そんな勝手な気負いから、精神状況はとことん疲弊していきました。

寝る前にたった3行だけ書けばいい

　とあるインタビューで、歌手の矢沢永吉さんが「人はうまくいかないときよりも、先が見えないときほどしんどいことはないよね」と語っていました。まさに、このときの自身の心境にシンクロしたのです。

「そうだ！　どうせ今すぐ結論が出ないのだから、心や頭より先に身体を動かそう」。私はウォーミングアップ的に手を動かし、「**とにかく言葉を吐き出そう**」と、**無意識な手の動きに委ね**ました。

すると、ネガティブなこと以外に、これまでの良かったポジティブなこと、希望などもたくさん出てきたのです。これが「今の自分」を受け入れて次へのスタートに向くきっかけとなり、気持ちが落ちつきました。それ以来、気持ちの好不調に振り回されないように、毎晩ノートに簡単な日記をつけることにしました。

その後、順天堂大学医学部の小林弘幸教授がすすめる「**3行日記**」という方法に出合います。小林教授によれば、**手書きの日記をつけると自律神経が整い、心身をコントロールできるようになる**そうです。それも、寝る前にたった3行書けばいい。3行だけなら継続も容易です。

ノートの記入方法は下図の通り、簡単です。超がつくほどシンプルに「**3行を箇条書きするだけ**」です。ノートは縦置きでも横置きでもかまいません。

また、小林教授が推奨し、私も実践しているルールは以下4つです。
① 1日の終わり、「あとは寝るだけ」の時間帯に
② ゆっくり、ていねいに、必ず手書き
③ 落ち着ける場所で、必ず自分ひとりで机に向かって
④ 字数の制限はないが、ノートや日記帳に1テーマ1行で収まるよう、なるべく簡潔に

「今日は、なんて日だ！」と思うほどの悪いトピックスばかりでも、はじめから「よかったこと」や「前進したこと」を書く形式にしているため、自然にポジティブなことが思い出され、スポットライトが当たります。

影があれば光も必ずあるように、悪いことがあればいいこともあります。つまり、物事には必ず「2面」があるのです。どうしても1日の印象で、表か裏かの1面に引きずられてしまいがちですが、**偏りをなくす点でも3行日記は効果的**です。

私の中年の憂鬱は、この「3行ノート」のおかげで"全治3か月"で終了し、しっかり熟睡できる生活に戻ったのです。

「3行ノート」の書き方

〈202X年＊月＊日〉

（よかったこと）
今日はあるお客様から提案書の内容を絶賛された

（前進したこと）
なかなかできなかった執筆が5行だけ進んだ

（明日の目標）
先々のことに一喜一憂せず、行き詰まったら深呼吸をする

3行を箇条書きするだけ！

「3行ノート」を書く際の推奨ルール

1. 1日の終わり、「あとは寝るだけ」の時間帯に
2. ゆっくり、ていねいに、必ず手書き
3. 落ち着ける場所で、必ず自分ひとりで机に向かって
4. ノートや日記帳に1テーマ1行で収まるよう、なるべく簡潔に

Column

小林教授が「3行日記」ですすめる項目は、「①よくなかったこと／②よかったこと／③明日の目標」の3つですが、私は少し改良を加えて、「①よかったこと／②前進したこと／③明日の目標」としました。先述したように、「よくなかったこと」などのネガティブな要素が1つでもあると、その言葉に引きずられてしまうからです。

①と②はオーバーラップしていても構いません。特別によいことや達成感まではなくても、「前進したこと」の項目を入れることで、嫌なことがあっても確実に日々進化していることを実感でき、明日へつながっていきます。

CHAPTER 4
今に集中できる「振り返りノート」

毎日ToDoリストをこなし続けても"多忙中毒"になるだけで、不安は解消しない。立ち止まって、振り返りをすることが必要。

「客観的になれること」「自分らしさを取り戻せること」「新たな決断ができること」の3つが、振り返りの効用。

時間配分ノート
- 週初めの朝一番に、「先週の時間配分と今週の重点分野」を検討する。
- 「他人仕事」「自分仕事」「プライベート」の3つに分けて振り返る。
- 目標達成のために必要な時間のかけ方を見極める。

「心・技・体」ノート
- 「心・技・体」は、仕事や日常生活における「振り返り」にも活用できる。
- 「心・技・体」の各項目に、現在の自分の状況を書き込む。
- 自分をより客観視でき、納得がいく新たな人生の第一歩を踏み出せる。

3行ノート
- 悪いニュースにひきずられる「ネガティブ・バイアス」には注意が必要。
- 「やったこと(Y)」「わかったこと(W)」「次にやること(T)」の3点で振り返る。
- 反省よりも経験から得る「学び」を重視する。

PDCAノート
- 手書きの日記をつけると自律神経が整い、心身をコントロールできるようになる。
- それも、寝る前にたった3行だけ書けばいい。
- 「よかったこと／前進したこと／明日の目標」を1行ずつ書くだけでOK。

CHAPTER

5

悩みを最小化できる「解決ノート」

Just one notebook makes you ten times smarter.

CHAPTER 5

23 それはどの程度の問題なのか？
「問題明確化ノート」

具体的に解決すべき問題を特定する

忙しい毎日を過ごしていると、さまざまな問題が襲ってきます。仕事がスムーズに進まない、やせたいのにやせないなど、サイズの大小を問わず問題と向き合う場面があるでしょう。そんなとき、感情だけに身を任せていては、冷静に対処できないばかりか、ストレスも抱え込んでしまいます。いったん立ち止まり、冷静さを取り戻すことが解決の糸口です。

人は目に見えないものがあると、恐れと不安で、小さい問題も大きく思えてしまいます。でも目に見える形にすれば、不要な恐れと不安を和らげることができます。そこでノートに問題点を書き出すことで、問題の本質を突き止め、問題のサイズ感を把握します。

私たちは、「うまくいっていない」という感情を持つと、すべてが問題のように思えてしまいます。また、一度冷静さを欠くと、小さくても大問題に捉えてしまいます。しかし他人から見れば、「悩むほどの問題ではないのでは……」と感じることも。こんなときにノートを使うと、他人視点（客観視）に切り替えられて、冷静かつ具体的に問題を解決しやすくなります。

私が考える「問題」の定義は、「あるべき姿と現状のギャップ」です。今、あなたが捉えている問題は、本当に問題と言えるでしょうか？

例えば、ダイエットをがんばろうと思っているのに、体重が現状の68kgからいつまでも減らないことは問題とは言えません。

問題は、抽象的なイメージのまま解決しようとすると、抽象的な解決策しか出てきません。

「問題明確化ノート」の書き方

> **タイトル**「今、かかえる問題の本質は何か？」
>
> | 〈現状〉 | 〈あるべき姿〉 |
> |---|---|
> | ・報告書の作成に1時間かかっている | ・報告書の作成は30分で終える |
> | ・先週は2つの長期タスクが全て手つかず状態 | ・2つ共に毎日1時間ずつでも着手している状態 |
> | ・後輩とのコミュニケーションを1日に10分ほどしか時間をとっていない | ・後輩とのコミュニケーションを1日に最低2回は個別で時間をつくる |
>
> 「現状」を思いつくまま書く　　　本来の「あるべき姿」を思いつくまま書く
>
> 〈今、最も解決すべき問題〉
>
> 報告書の作成において、平均で毎回30分間の短縮目標が未達成のままである。これが全体の停滞を引き起こしている。
>
> 「あるべき姿」と「現状」を照らし合わせて、生じているギャップを書く

60

「あるべき姿」と「現状」を書く際のポイント

「あるべき姿」には、できることよりも「ありたい姿」を数値で書く

- ✕ きちんとダイエットをする
- ◎ ダイエットして2か月で体重を3kg減らす
- ✕ 企画案をたくさん出す
- ◎ 毎月、30日までに企画案を10本出す

> 抽象的な言葉では、問題が生じても何が問題の本質かが見えにくい

「現状」も、同様に事実情報で書く

- ✕ 体重がだいぶ増えた
- ◎ お酒の飲み過ぎで体重が1か月で6kg増えた
- ✕ 提案書作成にすごく時間がかかっている
- ◎ 平均すると、提案書作成にこの1週間で60分かかっている

> 事実情報で明確に書くことで、問題を正しく特定できる

CHAPTER 5　悩みを最小化できる「解決ノート」

具体的な解決策を見出すためには、具体的に解決すべき問題を特定する必要があります。65kgをあるべき姿に設定しているなら、現状は3kgのギャップが生じていることが問題となります。

現状とのギャップを見える化する

それでは、あなたが今抱える問題をノートで明確にしていきましょう。基本の書き方は、左図の通りです。

問題は「仕事が遅く、決めたことが毎日未消化で終わってしまい、特に提案書の作成に時間がかかっている」としましょう。提案書の作成の「あるべき姿」が30分で完成させるもので、「現状」が60分かかっていれば、「解決すべき問題」は30分のギャップです。

イメージや感覚だけで捉えると、「提案書の作成にいつも時間がかかるな、次はがんばろう」と気持ちを引き締め直すだけで、具体的な解決策にはつながりません。30分のギャップという具体的な問題点をあぶり出すからこそ、段取りのミスやスキル不足などの原因が明確になるのです。そして、「段取り方法を変える」「スキル

を上げる」といった具体的な解決策を見出せるのです。

このように、現状のみを感覚や感情だけで捉えず、本来の「あるべき姿」を明確にすること（確認し直すこと）で、はじめて解決すべき問題が明確になります。もし現状がうまくいってないなと感じたら、「あるべき姿」を再確認してください。「あるべき姿」がなければ、設定してみてください。

「あるべき姿」から現状を見ると、うまくいってないようで、実は着実に前進していることに気づく場合もあるでしょう。また数字で表現することにより、問題のサイズ感が特定できるため、そこまで悲愴になるレベルの大問題ではないことに気づけるかもしれません。

問題を認識して「次こそがんばろう」と気持ちを切り替えることは大切なのですが、意識や気持ちに頼るだけでは、具体的な解決までの道筋はなかなか見つかりません。人間の気持ちとはあやふやなもので、いつも調子がいいとは限りません。問題を解決してくれるのは、常に具体的な行動だけです。

CHAPTER 5

24 思い込みを外せば悩みが消える「アンコンシャスバイアスノート」

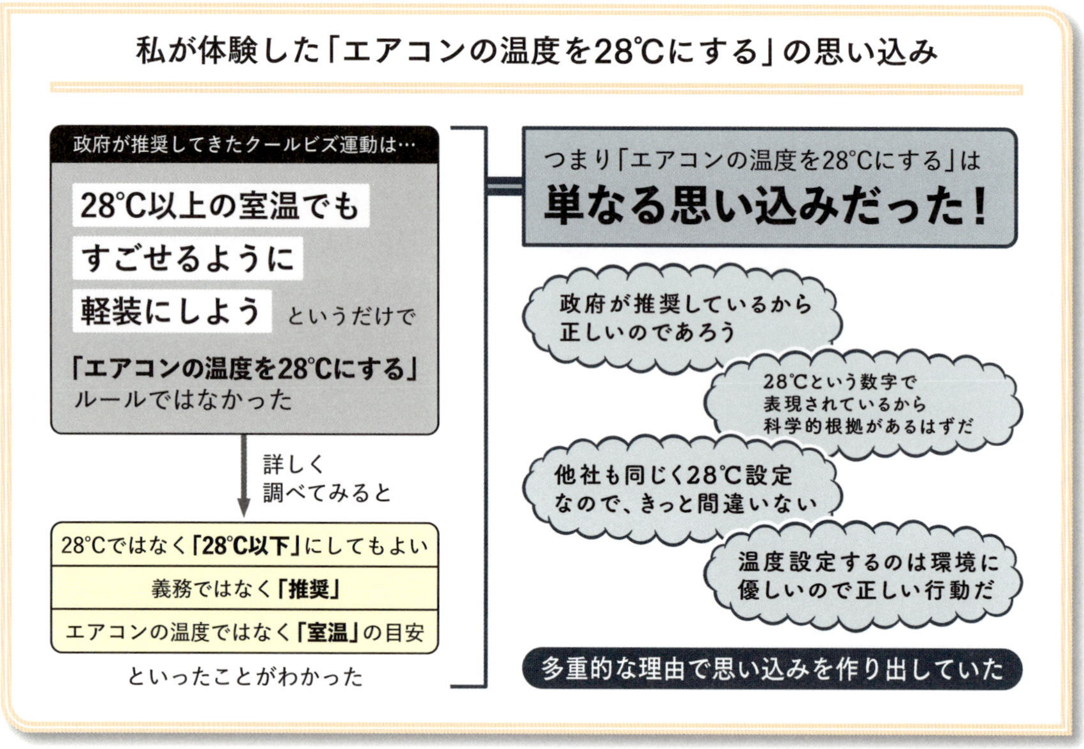

私が体験した「エアコンの温度を28℃にする」の思い込み

政府が推奨してきたクールビズ運動は…

28℃以上の室温でも
すごせるように
軽装にしよう というだけで
「エアコンの温度を28℃にする」
ルールではなかった

↓ 詳しく調べてみると

28℃ではなく「**28℃以下**」にしてもよい
義務ではなく「**推奨**」
エアコンの温度ではなく「**室温**」の目安

といったことがわかった

つまり「エアコンの温度を28℃にする」は
単なる思い込みだった！

政府が推奨しているから正しいのであろう

28℃という数字で表現されているから科学的根拠があるはずだ

他社も同じく28℃設定なので、きっと間違いない

温度設定するのは環境に優しいので正しい行動だ

多重的な理由で思い込みを作り出していた

思い込みが問題を引き起こす

問題点を具体化する以前に、問題が起きることを防ぐ方法はないだろうか？ 長年ずっと考えてきたところ、私はあるとき気づきました。自分が問題だと思っていたことは、実は問題以前に単なる「思い込み」であることに。

ある夏の猛暑日に、クライアント先の会議室に入ると、蒸し風呂のような暑さでした。エアコンをつけて快適な状態にしようとしたのですが、リモコンには「温度設定は28℃にすること」という注意書きが貼ってありました。

猛暑日は、28℃でも暑くて仕事に集中できないことがあります。そこで、先方に「なぜ、28℃以下にしてはいけないのでしょうか？」と話して調べてみると、上図のような思い込みがあ

ったことがわかりました。はじめからこの思い込みがなく、実態を知っていれば、誰も不快な思いをしなかったし、問題視する時間をとらなくてすんだはずです。

実態を冷静に把握しないで、大した問題でもないことを、「思い込み」によって自ら問題化してしまうことがあるのです。こうした無意識のうちに思い込みを持つことを「アンコンシャスバイアス（無意識のうちにできる偏った思い込み）」と呼びます。

アンコンシャスバイアスは、私たちの周りに多く存在します。「血液型で相手の性格を判断してしまう」「技術系の人はコミュニケーション能力が低いと思う」「学歴が高い人は能力も高いと思う」……。挙げればキリがありません。

アンコンシャスバイアスが普段の生活や人と

のかかわりの中で出てしまうと、偏見や差別を生み、自己肯定感が低下したり、人間関係や取引関係にひびが入ったりします。また、各種ハラスメントを引き起こし、会社組織もギスギスとした空気に変わってしまいます。何も問題がなかった日々が、いつのまにか重大な問題を引き起こすリスクさえ生むのです。

アンコンシャスバイアスの難点は、無意識下の思考のクセのため、自分では気づきにくいことです。さらに、無意識のうちに問題を悪化させてしまうこともあるので注意が必要です。

無意識のものを意識化させる

対処方法は、無意識（目に見えない）のものを意識化させる（目に見えるようにする）こと。アンコンシャスバイアスが色濃く出てしまうときは、言葉に表れます。

例えば、「普通は○○」「みんな○○」のように価値観を決めつける言葉や、「こうに決まっている」「それはありえない」など解釈の押しつけ言葉、「どうせ自分には無理だ」「我が社には現実的ではない」など実現性の決めつけ言葉、「こ

うすべきだ」「○○でなければならない」のように理想の押しつけ言葉などです※。

これらの言葉を使っていないかを毎日ノートで振り返れば、気づきやすくなります。「今の会話はアンコンシャスバイアスではないか？」と自問自答を日常で繰り返し、1週間だけでも日記形式でつけてみることをおすすめします。

私の場合、日記を1週間つけたら、恥ずかしながら1日平均で5回、1週間で30～40回もアンコンシャスバイアスのセリフを発していたことがわかりました。また、「普通は○○」という言葉を意識的になくしていたはずなのに、「一般的には○○」という言葉にすり替わっていただけだったと、愕然とした記憶があります。

日常生活や仕事など、他人とかかわる中で問題が起きますが、実は「アンコンシャスバイアス」によって、自分自身が勝手に問題を引き起こしているだけなのかもしれません。

アンコンシャスバイアスは誰の中にも少なからずありますから、自分で気づくことが大切です。問題を未然に防ぐためにも、「アンコンシャスバイアスノート」をつけてみましょう。

悩みを最小化できる「解決ノート」 CHAPTER 5

「アンコンシャスバイアスノート」の書き方

タイトル **「今週発した思い込みの言葉とは？」**

〈月〉	〈火〉	〈水〉	〈木〉	〈金〉	〈土〉	〈日〉
「普通はこういうやり方するでしょ」	「実現性はないはず」	「みんなそう言っているし」	「あまり現実的ではないはず」	「絶対やるべきだよ！」	「自分はもっとこうやるべき」	「みんな、もっと勉強しているでしょ！」
「一般的には無理だと思う」	「この分野はできないはず」	「いつも、同じ考えばかり」	「それはありえない」	「普通はそう考えないよね」	「これの方が絶対にうまくいく」	「普通はこの時期は旅行の計画たてるよね！」
「どうせ反対されるだろう」	「自分はもっとこうやるべき」		「平均的な考えはこうでしょ！」		「あなたは昔から全く変わっていない」	

曜日ごとに、発したアンコンシャスバイアスのセリフを書く

〈気づき・反省点とは？〉 1週間を振り返り、気づきと反省点を書く

- まだまだ決めつけ言葉が多く、人の気持ちへの配慮が足りないかも
- 事実を確かめずに、一部だけを見て全体を語るクセが抜けていない

※『「アンコンシャス・バイアス」マネジメント』（守屋智敬著・かんき出版）より

CHAPTER 5
25 コントロールすべき問題を具体的にする「問題解決ノート」

コントロール可／不可を仕分けする

　仕事が立て込んでいるときに、家庭では心配事や問題が勃発。もっとも頭を悩ますのが、こういった「公私」同時に問題が起きるときです。こんなときに、誰かに怒りをぶつけてしまっては、状況はますます悪化するばかり。すぐにクールダウンさせて、次への打開策を見出す必要があります。

　問題が起きたとき、私たちは、自分ではどうにもならないことまでがんばって解決しようします。しかし焦りを感じながら、自分でコントロールできないことにまで執着しても、どうしようもありません。**問題の中には、自分でコントロールできることと、できないことがある**。これをまずは受け入れることが大切です。

　『ビジネスエリートになるための教養としての投資』（奥野一成著・ダイヤモンド社）の中では、「有能の境界」というコンセプトが紹介されています。ここではそのコンセプトに沿って、下図のように、横軸を「将来」「過去」、縦軸を「自分」「他人」とした4象限のマトリクス状に分けてみました。

　こうなると、右上の「自分の将来の出来事」だけが主体性をもってコントロールできることで、もっと言えば、ここが唯一、自分で問題を解決して可能性を広げていくことができる領域です。つまり**問題に直面したときは、コントロールできることと、できないことの仕分けが大切**というわけです。

　問題の仕分けは、ノートを使って進めます。頭の中で思い浮かべるだけではなく、実際に書

「有能の境界線」による4象限のマトリクス

「自分の将来の出来事」だけが主体性を持ってコントールできること

『ビジネスエリートになるための教養としての投資』（奥野一成著・ダイヤモンド社）より引用

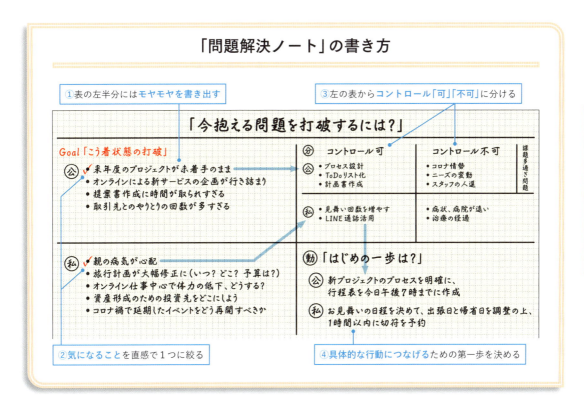

き出すことで、今自分がフォーカスすべきことが見えやすくなります。これを「問題解決ノート」と呼んでいます。

問題の仕分けによって気づくこと

問題解決ノートでは、4分割して、「はじめの一歩目」まで絞っていきます。

まず、ページ上部にタイトル（今回は「今抱える問題を打破するには？」）をつけて、何の思考整理をするのかを明確にします。表の左上には、思考を整理した上で何を目指すのかを赤字で記入（「こう着状態の打破」）します。

表の左半分は、頭の中のモヤモヤを書き出します。仕事（公）の話、個人（私）の話について分けると、より整理がしやすいでしょう。いずれか一方の場合は、左半分をすべて使っても構いません。

次に書き出した内容をもとに、右上の表内に「分（分類）」と書き、「コントロール可／コントロール不可」の項目に分けます。何に集中すれば前進できるかを明らかにした上で、「公」と「私」それぞれ1つずつ、実現度が高い最優先事項を直感で1つに絞ります。

まとめとして右下に書く「行動策（はじめの一歩）」は、抽象的な内容ではなく、期限を区切って動作や作業レベルまで落とし込むことがコツです。

上図のサンプルは、実際に私が公私ともに苦しい状況に追い込まれたときに書いた内容です。ノートを書いたことにより、今自分が集中すべきことが見つかり、プレッシャーからも解放されて難局を乗りきることができました。

大切なことは、ノートの書き方そのものよりも、問題を仕分けすることで「コントロールできない問題に、自分はいかに固執しているか」と気づくことです。

難題が降りかかってくると、モチベーションを上げて……スキルを上げて……と、やみくもにがんばろうとする人がいます。しかし、自分でコントロールできないことに時間を割くよりも、コントロールできることに視点を切り替えたほうが、打開策は見つかります。「問題解決ノート」は、整理していく過程で視点を切り替えることに効用があるのです。

CHAPTER 5

26 他者からのアドバイスで問題解決を図る「コーチングノート」

自分ひとりでできることは限られている

✗ 自分視点だけで問題解決に挑む

自分ひとりでどんな問題にも対処することは簡単ではない

◎ 他人視点を入れて問題解決に挑む

他人にアドバイスをもらうと客観性が高まるだけでなく、知恵も倍増

他人の視点を入れて客観性を高める

問題が起きたとき、感情に振り回されずにノートを使って冷静に対処することは、私が一貫して主張しているポリシーです。ただ、自分ひとりでどんな問題にも対処することは、やはり簡単ではありません。自分ひとりでできることは限られているからです。

そこで、周りの人から意見をもらい、問題解決を図ります。そのときに使うのが、**問題解決の糸口が得られるように他人の視点も入れて作っていく「コーチングノート」**です。

自分の問題点をリストアップし、自分で考えた解決策と、他人にアドバイスをもらった解決策を書き込むことで、**客観性が高まるだけでなく、知恵も倍増します。**

私は、10年ほど前、当時手がけていたコンサルタント業が行き詰まり、今後の事業展開に悩んでいたことがあります。その際、ノートを取り出し、現状の問題点や突破法を書こうとしましたが、ほとんど書けませんでした。

そこで、友人、先輩、取引先で関係が深い人の4人に声をかけ、あつかましくもアドバイスをいただくことにしたのです。アドバイス以外に、ポイントをノートに直接書いていただき、激励の一言と署名、日付までお願いしました。これはある意味寄せ書きのようなもので、解決策の知恵が増えただけでなく、大きな精神的な助けにもなったのです。

その後、コンサルタント業から人材育成事業に完全に仕事内容をシフトすることになり、事業は急拡大。こうして本を執筆するまでになっ

ているわけですから、コーチングノートによる影響ははかり知れません。

「セルフ＋他人」の共著コーチング

ノートの冒頭には、タイトルを書き、補助線を縦に2本引いて3分割します。

左の「問題点」には、今解決したい問題点を「あるべき姿」と「現状」の「ギャップ」を明確にして書き込みます。そこまで明確にならない場合は、箇条書きのリストアップや、思いのまま書き出す方法でも構いません。

中央の「解決策：自分」には、自分なりの解決策を書き出します。ポイントの1つは、「実現性はいったん無視」です。難題の場合、現状の実現性は乏しくても、あとから「人・金・時間」を調達すれば可能性が高まることもあります。あまりこだわらず、自由に書き込みましょう。

もう1つは「賢人になったつもりで書く」。自分の感覚だけだと、その経験の延長線以上のアイデアが出なくなることがあります。そこで、自分の憧れる人や賢人の視点になりきります。「学生時代の部活の顧問だったら、どんな指導を

する？」「坂本龍馬だったら、どう行動する？」「将棋の藤井聡太棋士だったら、次の一手は？」などと、客観的かつ俯瞰的な視点に立つことで解決策を出しやすくするのです。

右の「解決策：他人」は、周りの頼れる人からのアドバイスのスペースです。寄せ書きのように本人に手書きしてもらって、重みを出すことがポイントです。

"周りの頼れる人"に定義はありませんが、腹を割って話せる「親友」、尊敬できる「先輩」、遠すぎず近すぎずで客観性を担保できる「知人」など、異なるタイプの人が望ましいです。タイプが似通った3人だと、アドバイスの内容も似るためです。また客観的な視点が最もほしいので、相手がプロのコーチやカウンセラーである必要はありません。

リストアップした問題に対して、自分が賢人になったつもりで書きこむことを"セルフコーチング"と捉え、頼れる周りの人からのアドバイスを"他人（から受ける）コーチング"と捉えれば、まさに共著による、強力な「コーチングノート」になってくれることでしょう。

CHAPTER 5 悩みを最小化できる「解決ノート」

「コーチングノート」の書き方

タイトル 「書類作成時間をどう短縮するか？」		
〈問題点〉	〈解決策：自分〉	〈解決策：他人〉
報告書の作成において、平均で毎回30分間の短縮目標が未達成のままである。	• 知識とスキルを高める • 書類作成のテンプレートをつくっておく	• 先輩たちのサンプルを見てテンプレート集をつくる • 後輩に依頼して自分は手放す • AIを使って短縮できるように上司に掛け合う
今解決したい問題点を「あるべき姿」と「現状」のギャップを明確にして書き込む	自分なりの解決策を書き出す。「実現性はいったん無視」「賢人になったつもりで書く」がポイント	周りの頼れる人からのアドバイスのスペース。本人に手書きしてもらい、重みを出すことがポイント
セルフコーチング		他人コーチング

CHAPTER 5

27 逆の発想から解決に導く「やらないことノート」

「やらないこと」を明確にする

　問題の解決案を考えるとなると、これまでになかったものをプラスアルファで生み出すイメージを持つかもしれません。しかし、物事には必ず表裏や陰陽の両面があるので、マイナス（引き算）をして生み出すものもあります。

　解決案が出てこない場合、私は即座に、「やらないこと」を明確にします。すると「やるべきこと」があぶり出されます。私はこの消去法で、仕事の行き詰まりを突破したことがあります。

　起業して約2年後にコンサルタント業をはじめたのですが、当時26、27歳の人間に経営のアドバイスを依頼する会社はありませんでした。

　顧客の獲得に焦った私は、DMや電話アポ、異業種交流会で名刺をばらまくなど、猛烈にプッシュする営業をかけていました。でも行き詰まり、これ以上「やるべきこと」を重ねても埒が明かないと考え、逆に「やらないこと」を明確にすることで解決策を模索しました。

　プッシュ営業は相手にされないので、いったん終了。必然的に残る方法は、「プル営業（引いて待つ営業スタイル）」です。経営者が興味を持ちそうな情報をメール配信したり、サイト上で日記（当時はまだブログが誕生する前の時代）を書いたりする方法へ切り替えたのです。

　これは効果てきめんでした。残された策を愚直に行うことで、問い合わせは急増。世間のこうするべきだという声に同調して、苦手なプッシュ営業をやっていたのが間違いでした。

　8年ほど前に私のセミナーを受講された方は、IT系のサービスで起業し、それなりに利益はあ

「やらないこと」の明確化がポイント

こんなにあったら何をすればいいかわからない…

「やらないこと」を青色にして明確にしよう

ということは、「やるべきこと」はこれだ！

「やらないこと」を明確にすると、「やるべきこと」があぶり出される

「やらないことノート」の書き方

タイトル 「やめてもいい解決策とは？」（例）英会話の学習	
〈やらないこと〉	**〈やるべきこと〉**
• 英文法の教材で基本学習	• 英会話学習アプリの活用
• 英字新聞の購読など読解勉強	• ChatGPTと英語で対話する
• TOEICや英検などの資格勉強	• 字幕なしで洋画を毎日1本見る
• 語学留学すること	• 個別指導の英会話塾へ通う

必ず左側から書くこと。左側の「やらないこと／やりたくないこと」のリストアップによって、「やるべきこと／やりたいこと」が浮き彫りになる

自由に書いてOK。「①解決に直結せず、捨てるべき選択肢」「②他の人でもできること」「③今すぐできないこと」が代表的な例

ってもブレークはしない様子。「今後の方向性に行き詰まっています」と肩を落としていたので、「『やらないこと』リストを作って、逆からアプローチしてみては？」と提案しました。

その方は、アップル社のように「個人のライフスタイルを変えるモノ作りをしたい」と言っていましたが、実際は違いました。個人客からの過剰なクレームや在庫を持つような商売は避けたかったのです。このような整理から、企業向けのオンライン用のソフトを代理店を通じて提供する方向に固まっていきました。

有効な戦い方が浮き彫りになる

それでは、ノートを使った「やらないこと」の明確化による問題解決法を紹介します。

書き方は、中央に縦線を引いて左右に分割するだけとシンプルです。左側には「やらないこと／やりたくないこと」、右側には「やるべきこと／やりたいこと」をリストアップします。

必ず左側から書くことが重要です。左側のリストアップによって、結果的に「やるべきこと／やりたいこと」が浮き彫りになるからです。

「やらないこと／やりたくないこと」欄は自由に書いていいのですが、代表的なものは「①解決に直結せず、捨てるべき選択肢」「②他の人でもできること」「③今すぐできないこと」です。

問題解決のテーマは、ビジネスや日々の業務、家庭内のルール作り、人間関係、筋力トレーニングまで幅広く応用が可能です。

ボディビルダーと野球選手は、ともに筋トレをしますが、競技によって使う筋肉が違うため、鍛える箇所が違います。大会での優勝を目指すことは同じでも、筋トレでは「やらないこと」を明確にして、勝つための筋トレ方法だけに集中します。

これは問題解決でも同じことです。本来やらなくてもいいところに力を割いても、解決しないか、解決に時間がかかりすぎてしまいます。これでは "筋が悪い努力" です。

問題の解決策は、問題を解決するための戦略とも言えますが、「戦略」は "戦を省略する" という解釈があります。省略することで有効な戦い方を浮き彫りにできるのであれば、このアプローチを使わない手はありません。

CHAPTER 5
悩みを最小化できる「解決ノート」

まとめ

問題明確化ノート

- 問題点を書き出すことで、問題の本質を突き止め、問題のサイズ感を把握できる。
- 「あるべき姿」と「現状のギャップ」をノートで明確にする。
- すると、解決すべき問題があぶり出される。

アンコンシャスバイアスノート

- 「アンコンシャスバイアス（無意識のうちにできる偏った思い込み）」が問題を引き起こす。
- 対処方法は、無意識（目に見えない）のものを意識化させる（目に見えるようにする）こと。
- 自分の思い込みのパターンを知っておけば、問題発生を予防できる。

問題解決ノート

- 問題の中には、自分でコントロールできることと、できないことがある。
- 問題に直面したときは、それらを仕分けることが大切。
- コントロールできない問題には執着しないこと。

コーチングノート

- 問題解決の糸口が得られるように、他人の視点も入れて作る。
- ノートには他人からのアドバイスを直接書き込んでもらう。
- 「セルフ＋他人」の共著コーチングによって、客観性が高まり、知恵も倍増する。

やらないことノート

- 問題の解決案が出てこない場合は、まず「やらないこと」を明確にする。
- すると、「やるべきこと／やりたいこと」が浮き彫りになる。
- 本来やらなくてもいいことに時間を取られることがなくなる。

CHAPTER

6

勝利をたぐり寄せる
「プレゼンノート」

*Just one notebook makes you
ten times smarter.*

CHAPTER 6

28 プレゼン前に勝負は決まっている「戦略ノート」

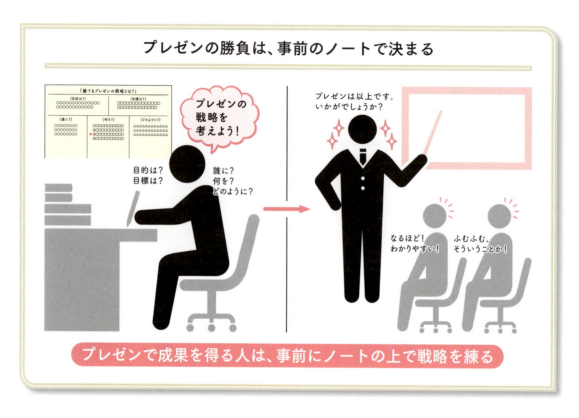

プレゼンで成果を得る人は、事前にノートの上で戦略を練る

プレゼン前のノートの重要性

　プレゼンの勝負は、**事前のノート**で決まります。プレゼンでは、多くの人が「何を話すか？ どのように話すか？」の2点のみを意識します。しかし、いくら資料を準備して上手な話し方を学んでも、戦略なしでは成功しません。

　話し方がうまくなっても、仕事で結果が出なければ、「単に話がうまいだけの人」と思われてしまいます。仕事で必要なプレゼンとは、「成果を勝ち取る」こと。うまく話せても、目的が不明確だったり、相手のニーズとズレていたりしたら、成果を得ることはできません。

　プレゼンで成果を得る人は、資料作りや話し方を考える前に、しっかりとノートの上で戦略を練ります。パワーポイントを起動する前に、ノートで戦略の構想を練るわけです。

　戦略とは、「明確なGoal設定」と「誰に、何を、どのように伝えるか？」です。実は、**ノートを使って戦略を立てるのは、プレゼンだけではありません**。提案、依頼、交渉、会議などのシーンでも行うべきことです。

　事前にノートで戦略を組み立てるには、まず「明確なGoal設定」を行います。**Goalとは、「目的」と「目標」の2つです**。目的とは「（このプレゼンは）何のために行うのか」、目標とは「何を得ることが成果なのか」です。

　仕事柄、クライアント先でプレゼンの現場に同席すると、プレゼンを聞く上司側の表情がさえないことが多くあります。「キミの提案は内容もいいし、話もわかりやすいね。ところで、私はどう動けばいいの？」と。話し方は上手でも、

何をGoalにしたプレゼンかが相手に伝わらなければ、反応に困ってしまいます。

事前にノートで戦略を立てる

仕事であれば、例えば「目的：予算の承認を獲得するため」「目標：100万円の予算を500万円までの増額で決裁をもらう」なのか。「目的：提案内容のテスト営業に上司をまきこむため」「目標：役員にテスト営業を行う大手10社の商談に同行してもらう約束をとりつけること」なのか。「行動レベルのGoal」まで踏み込むことで、はじめて成果を得ることができます。

次に「誰を」相手にしたプレゼンなのかを吟味しましょう。相手によって、伝え方が変わるためです。相手が複数いる場合は、「成果を得る上で誰が一番影響力を持っているか?」（役職者や決裁権限を持つ人など）と、もっとも伝えたい相手を考えます。

また、相手のバックグラウンドや知識レベル、どのような言葉づかいを好むかなど、相手の情報（「論理的」「分析好き」など）を集めて記入しておきましょう。相手の特性によって、伝え方や刺さる言葉が変わってくるからです。

さらに、「何を」伝えたいのか、抜け漏れがないようにリストアップします。骨子だけの箇条書きレベルで構いません。

その際に、どの順番で伝えると一番効果的なのか、番号を振っておくといいでしょう。例えば、新たな企画を提案する場合なら、「メリットとデメリットはどちらから伝えればいいか」などです。順番によって、相手が受ける印象は変わります。また、最重要項目には★印などをつけて明確にしておくと、相手にインパクトを与える伝え方ができるでしょう。

最後に「どのように」伝えるかを構想して、メモします。相手の特性（ニーズや好みなど）を踏まえ、伝え方の工夫やアイデアを書いておきましょう。例えば、「相手は簡潔な話を好むので、要点だけ話して詳細は質疑応答で」「相手は文字ではなく直感的なイメージを重視するので、図を多めに入れた資料を添える」などです。

プレゼン前のノートで、勝負の9割は決まります。「話し方は1割程度の影響力しかない」といっても過言ではないでしょう。

CHAPTER 6　勝利をたぐり寄せる「プレゼンノート」

「戦略ノート」の書き方

タイトル　「企画の承認を勝ち取るプレゼンとは?」

〈目的は?〉
新商品の企画に承認をもらい、はじめの第一歩目を踏み出すキッカケをつくるため

「何のために行うのか」を書く

〈目標は?〉
企画と初期予算300万円、担当メンバー3名の承認をもらうこと

「何を得ることが成果なのか」を書く

〈誰に?〉
プレゼン相手の役員
AさんとBさん。

：2人共に特に論理的な話を好む
：Bさんは松岡修造のような情熱的な語りが好き

「誰を」相手にしたプレゼンなのかを吟味して書く

〈何を?〉
①当企画の市場性が大きく参入意義がいかにあるか
★②収益性が高く、いかに会社の業績に貢献できるか
③供給不足に陥らないためのリスクがいかに低いか

「何を」伝えたいのかをリストアップする。伝える際に効果的な順番も考えて番号を振り、最重要項目には目印をつける

〈どのように?〉
● 声は大きくハイテンションで語る
● 競合他社の事例を多めに話す
● 論理構成を図解した資料作成
● 1枚で一発で伝わる簡潔な資料

「どのように」伝えるかを構想し、相手の特性を踏まえて、伝え方の工夫やアイデアを書いておく

CHAPTER 6

29 一言で言うと何？「キャッチフレーズノート」

一言で重要な点が理解できるように

ノート上で戦略を立て終わったら、次は「伝えるべき内容」を整理します。ポイントは「簡潔性」です。あなたの周りに、「いろいろと話しているけど、結局、何が言いたいのだろう？」と思ってしまう人はいませんか？

クライアント企業の会議に同席して、参加者の報告などを聞いた後、私の最初のセリフはいつも同じです。**「内容をもっと簡潔に、一言で言うと何ですか？」**。

もちろん、嫌がらせではありません。簡潔に一番大切なことを即答できないのは、話し方が悪いのではなく、**話の重点部分が明確になっていない証拠**です。だからこそ、中身の見直しにも有効な質問なのです。

これだけ情報過多の時代に「あれもこれも」とたくさん伝えたら、聞き手はお腹いっぱいです。そこで、簡潔でも**全体像がつかめて、重要な点が理解できる**一言が大切です。

例えば、ヤフーのトップ画面に表示されるニュース見出しの文字数は「15.5文字」という規定があるそうです（2022年）。見出しを認識する速さと、記事内容を正確に理解できる文字数を、ヤフー社員と一般ユーザーにアンケート調査した結果決まったそうです。テレビCMの場合は、15秒で商品の特徴を理解できるように作られています。プレゼンも同様に、20文字以内のワンフレーズや15秒以内で、パッと聞けば概略や重要なことが理解できるのが好ましいです。

とはいえ、「たくさん伝えたいことがある場合どうするの？」と思いますよね。ポイントは、

今でも色あせない、スティーブ・ジョブズの伝説的プレゼン

2001年発売の音楽専用端末「iPod」（初代）の代表的な特徴を…

他社製品のわずか20％の大きさ

5GBの薄型ハードディスクに最高1000曲までのCD品質のデータを保存

音飛びを防ぐ機能で走ったりしながら再生可能

充電可能なバッテリーを採用し、最高10時間連続再生が可能

プレゼンで長々と説明しないでこの一言に！

1000曲をポケットに入れて持ち運べます

iPodの特徴を、まさに「誰もがわかる一言」で簡潔に表現した

「キャッチフレーズノート」の書き方

タイトル 「クレーム状況を簡潔に伝えるなら？」

〈言いたいこと〉

納品したXに不具合が発生し、取引先からクレームが入りました。相手はカンカンに怒っています。すぐに不具合を解決して再納品しましたが、また不具合が発生して更に怒られています。

もっとも伝えたい箇所を思いのまま書き出す。その文章の中から、ポイントのみを抽出してポイント欄に書く

〈ポイント〉

• Xに不具合が発生
• 取引先は怒っている
• すぐに不具合を解決して再納品するもまた不具合が再発

ポイント欄の箇条書きの順番はバラバラでもOK

ポイントの一覧から、簡潔なフレーズを考えて書く

〈要するに何？ 一言で言うと何？〉

現在、商品Xの件で"炎上中"です。不具合が連続し、解消しておりません。

「要するに○○」「一言で言うと○○」で語れるようにすること。理想は頭の中で自動で簡潔に変換できることですが、慣れない間はノートを使って"自主練"をします。

私は、今でこそ年間100回以上も講演や研修で簡潔に話す仕事をしていますが、かつてはダラダラ話していたので、聞き手は皆、眠い表情に変わっていました。そこで私は、簡潔でもパワフルに魅力的に伝えたい、聞き手も引き込みたいと考え、人前で話す前には必ずノートに整理しました。毎日、ノートで"自主練"をしてから約3か月後、簡潔に話すプロとして、講演や研修の依頼が頻繁にくるようになったのです。

ノートで短く言いきる練習をする

ノートは、タイトルの下を3分割にして、3ステップ式で簡潔にします。

はじめに、「言いたいこと」欄を設け、もっとも伝えたい箇所を思いのまま書き出します。順不同でも構いません。

この段階では、キレイに文章が整っていなくても問題ありません。ただ、伝えるべきことが抜けていないかには注意しましょう。

次に「言いたいこと」の文章の中から、「ポイント」欄に、ポイントのみを抽出します。箇条書きにすることで、前後の不要な表現が省かれるので、大事な内容が浮き彫りになります。

この段階では、箇条書きの順番（話す優先順位）はバラバラでもOKです。あくまでも、簡潔に全体像を伝えられるようにするためです。

最後に箇条書きされたポイントの一覧から、「要するに何？ 一言で言うと何？」欄に簡潔なフレーズを導き出します。

①一番大切な箇所はどれか？
②短く言い換えができる言葉はあるか？
③全体を包括する言葉は何か？

の3つのチェックポイントを意識して、簡潔な言葉を考え抜きます。

注意点は、短くするだけではなく、断定口調で「言いきる」こと。「○○だと思います」ではなく、「○○です！」。「○○を提案したいのですが……」ではなく、「○○を提案します！」。短く言いきることで自信が伝わり、言葉に重みが出てくるのです。

CHAPTER 6 勝利をたぐり寄せる「プレゼンノート」

CHAPTER 6

30 説得力が格段に上がる「ロジカルノート」

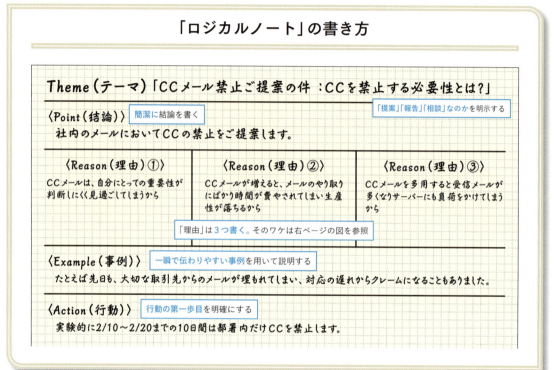

「ロジカルノート」の書き方

ロジカルな伝え方は、一生のスキル

　プレゼンで「相手が理解はしているが、あまり納得していない」「相手に通じているのかよくわからない」といった不完全燃焼の経験は、多くの人にあるようです。原因は、せっかくのいい内容も、事前にノートでロジカル（論理的）に整理していないからです。

　ロジカルにすることで説得力が生まれ、言葉に重みが出ます。私は大切なプレゼン（商談や説明、報告も含む）前には、必ずロジカルな型をノートに作り、説得力のチェックをします。

　ロジカルとは、「話の筋道が整理されていて、意味が通じる状態」のこと。具体的には「結論（主張）が明確で、筋道も意味的にも理由（根拠）に下支えされている状態」を指します。

　例えばプレゼンなら、
「結論は、○○です」
「理由は3つあります。まず1つ目に〜」
「これは○○という事実に基づきます」
「事例もあります。例えば○○です」
「ぜひ、これから○○を導入してみませんか？」
といった展開をしていきます。

　ロジカルシンキングは、活用する機会が少ないとなかなか身につきません。そこで、ノートにロジカルなシナリオを書いて"自主練"をしましょう。

　ロジカルな伝え方を一度習得すれば、一生のスキルになります。社会人にとっては、まさに"人生のOS"です。コーチングや財務などのスキルを鍛えても、それはアプリにすぎず、OSなしでは動きません。ベースとなるロジカルな伝

え方を磨くことは、必須の学びなのです。

5項目の「型」で説得力を上げる

ノートに作るのは、5項目のスペースです。まず冒頭のタイトル箇所に「Theme（テーマ）」を書き、「提案」「報告」「相談」なのかを明示します。これにより、「これは提案として聞けばいいのね、これは相談なのね」と、相手に聞く姿勢を作ってもらうのです。

次の「Point（結論）」欄には、簡潔に結論を書きます。「一言で言うと○○です」と、ワンフレーズで言いきることで言葉に力が増します。

その次は、「Reason（理由）」を3つ記入します。3つにするワケは下図の通りです。

続いて、「Example（事例）」欄です。ここまでの結論と理由だけだと単調になり、スライドなどがなければ、文字情報だけで理屈を伝えることになります。文字情報のみで情報を咀嚼して理解し、記憶に残し、さらに行動に移してもらうには、相手への負担が大きすぎます。そこで、一瞬で伝わりやすい事例を用います。

事例は、相手の頭の中に一瞬でイメージを広げる優れものです。「○○の場面を思い出してみてください」「○○でお困りになるときはないでしょうか？」など、具体的に場面を設定することで、結論と理由だけの文字情報を、イメージで補完してあげることができます。

最後に「Action（行動）」です。ここまでのノートでうまく伝えることは可能ですが、成果を得ることまでが目的の場合は、行動の第一歩目を明確にする必要があります。

自分視点であれば、「○○までに○○を○○の方法で行います」と言うことで、相手にプレゼン内容に対する覚悟とリアリティを感じてもらえます。相手視点であれば、「○○までに○○からはじめてみませんか？」と具体的に促すことで、相手は「で、何からはじめるんだ？」と考える負担なく、行動しやすくなります。

「Theme（テーマ）－Point（結論）－Reason（理由）－Example（事例）－Action（行動）」の5項目を「型」としてノートに書き続けることは、ロジカルコミュニケーションの研修を受けるのと同じだけの効果をもたらします。しかも、コストをかけずにできてしまうのです。

ロジカルノートの「Reason（理由）」を3つにするワケ

理由が1つだけだと「ありきたり」と思われやすく、
理由が2つだと「他のプレゼンターも考えてくる」ので差がつきにくいが…

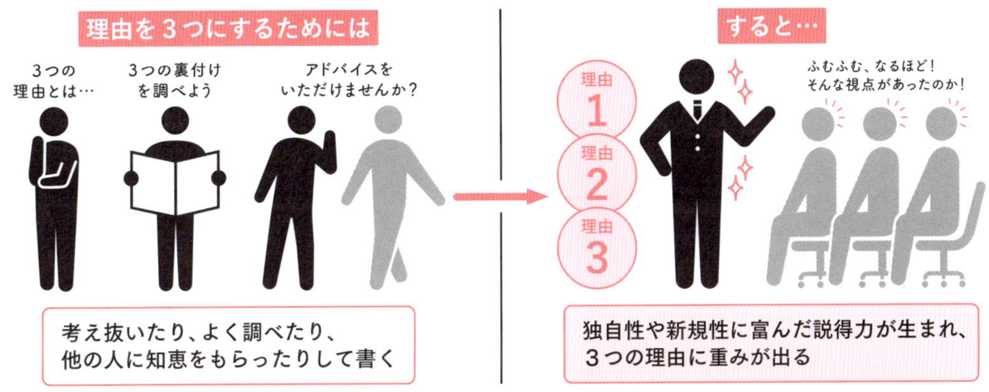

理由を3つにするためには

3つの理由とは…

3つの裏付けを調べよう

アドバイスをいただけませんか？

考え抜いたり、よく調べたり、他の人に知恵をもらったりして書く

すると…

理由1 理由2 理由3

ふむふむ、なるほど！そんな視点があったのか！

独自性や新規性に富んだ説得力が生まれ、3つの理由に重みが出る

「なるほど、そんな視点があったのか！」と受け止めてもらえる

CHAPTER 6

31 説明にインパクトを与える「シナリオ強化ノート」

3つの方法で強調のアレンジをする

ここまでノートを使ってロジカルなプレゼンの「型」を作りましたが、これだけではプレゼン本番では印象に残らないリスクもあります。ノートで整理する「型」は、あくまでも基本。強調のアレンジをすることで、はじめて"使えるロジカルプレゼン"に変わります。

アレンジ方法は、主に「①具体化法」「②比較法」「③メリット／デメリット法」の3つです。「①具体化法」は、シンプルに抽象的な言葉づかいを具体的な言葉に置き換えて話すこと。仕事での会話やニュースでの有識者の言葉などで、よく耳につく言葉があります。「徹底する」「強化する」「推進する」などが代表例で、私はこれらを、意味はわかるけれど行動につながらない

"ワースト御三家"と呼んでいます。

抽象度が高い言葉は、全体像や方向性を簡潔に表現できるのでイメージしやすく、言葉数も少なくてすみます。ただし、意気込みしか感じません。具体的に行動しているシーンが、頭の中に流れてこないのです。さらに曖昧な言葉だと、聞き手によって頭に浮かべるイメージや行動がバラバラになってしまいます。

そこで「徹底する」なら「週1回の確認を1日3回にする」、「強化する」なら「1人の人員を3人体制にする」などに変換します。抽象的な言葉の意味が明確になることで、誤解を予防し、聞き手側の理解が進みます。

「②比較法」は、伝えたい情報に比較対象を用いる方法。例えば、「電子書籍は軽くて持ち運びしやすいので便利」より、「紙のハードカバーの

"使えるロジカルプレゼン"に変わる、3つのアレンジ方法

① 具体化法

徹底します

↓

週1回の確認を
1日3回にします

抽象的な言葉づかいを
具体的な言葉に置き換えて
話す方法

② 比較法

電子書籍は軽くて
持ち運びしやすいので
便利です

↓

紙のハードカバーの
本に比べ、電子書籍は
軽くて持ち運びしやすい
ので便利です

伝えたい情報に
比較対象を用いて
特徴を際立たせる方法

③ メリット／デメリット法

この車は小さいので
駐車がラクです！

↓

この車は小さいので
駐車がラクです。
その分、荷物の積載量は
少なくなります

メリットだけでなく
デメリットも話す方法。
誠実さの証として必須事項

「シナリオ強化ノート」の書き方

タイトル 「ロジカルなシナリオをどう強調するか？」

〈具体化〉	〈比較〉	〈メリット／デメリット〉
● コストがかなり低い → 年間10万円が 　1万円になる ● 早急に対応する → 3日以内に対応する ● 情報共有を強化する → 情報交換会を週1回から 　3回に増やす	● 電子書籍は持ち運びが楽 VS 紙の書籍と比較して〇〇 ● 当社は女性役員の 　比率が高い VS 同じ業界と比較して〇〇 ● 現在、対面での会議が多い VS コロナ禍と比較して〇〇	（デメリット） 新商品Xは、 値段が他社より1割高い ↓ （メリット） 性能が2倍になっており、 納期は1週間だったものが 3日以内になった

基本的なロジカルな型で話す内容を整理した後、「①具体化法」「②比較法」「③メリット／デメリット法」のアレンジ方法が使えそうな箇所をノートに書き出す

本に比べ、電子書籍は軽くて持ち運びしやすいので便利」と、比較対象があると電子書籍の特徴が際立ち、イメージしやすくなります。

比較対象は、3つの切り口で「違い」を作れます。1つ目は「反対語の活用」です。伝えたい内容と反対の言葉（アナログ／デジタル、北／南、大人／子ども、など）を選びます。

2つ目は「構成を見る」です。全体と部分で、比較できるものを探します。「我が社の女性役員の比率は、業界全体の平均と比べて30％多い」などです。3つ目は、「時間軸で変化があるもの」です。「コロナ禍前と比較すると〜」「学生時代と比較すると〜」などです。

最後に「③メリット／デメリット法」です。例えば、新車を販売店に見に行ったときに、営業の人に新車のメリットばかり強調されたら、信用できますか？　胡散臭くないですか？

物事には、メリットとデメリットがあります。両面を知った上で、「それでも心を動かすメリットがあるか」を聞き手は確認したいものです。デメリットも語ることは、誠実さの証として必須事項です。

心理的ギャップもテクニックの1つ

プレゼンでは、誠実さ以外の力もポイントになります。それは、デメリットを先に伝えることで心理的ギャップを生み出すことです。

例えば、「この車は小さいのですが……でも、小回りがきいて車庫入れがしやすいです」「味は苦いのですが……でも、栄養価が3倍です」と、前半のデメリットで一瞬、聞き手に緊張感と不安を与えます。その後、後半のメリットで一気に緊張を緩和させ、安心感に変えます。緊張と緩和、不安と安心のギャップが大きいほど、強調されて相手に伝わるのです。

アレンジ手法の代表例ベスト3「①具体化法」「②比較法」「③メリット／デメリット法」は、ノートによってスキルを磨くことが可能です。

基本的なロジカルな型で話す内容を整理した後、3つのアレンジ方法が使えそうな箇所をノートに書き出します。常に3つすべてを同時に使えるわけではありませんので、1つだけや2つを組み合わせるなど、目的、相手、内容に応じて使い分けをしてください。

CHAPTER 6

32 すべらない話をするための「ネタ帳ノート」

「たとえ話」（比喩）を文章に入れると……

次の2つの文章を比較して、どちらがイメージが湧きますか？

A
先週の休みの日にオシャレに部屋の模様替えをしました。コーヒーを飲んだり読書をしやすくするために、家具を落ち着いた色目のものにして、長居したくなる雰囲気を工夫して作りました。

文字情報がちょっと多いかな…？

B
先週の休みの日に、スターバックスコーヒーのようなインテリアに模様替えをしました。

ふむふむ、スタバみたいなインテリアか…

短い言葉でも、相手に瞬時に伝わる

ここでもう1つ、プレゼン上手になるためのスパイスを紹介します。それは、**すべらない話をするために、「たとえ話」（比喩）を入れること**。たとえ話によって、**短い言葉でも、一瞬にして相手に強く伝わります**。

先述したように、ロジカルに整理できていても、「文字情報」だけを相手の頭の中に入れてもらうのは至難の業です。聞き手は根本的に人の話を聞くことに負担を感じているからです。

あなたは、「話す」こと「聞く」ことでは、どちらが気持ちいいですか？

「話す」ことは、自分で時間や表現などをコントロールできます。また話し終えると、達成感とともにスッキリします。

しかし「聞く」ことは、時間や表現などは自分でコントロールできません。聞き終わったからといって達成感も得られません。つまり、聞く行為は、「それだけで相手に負担をかけている」という前提に立つべきなのです。

相手が聞く姿勢を持っていても「頭の中には入ってない可能性がある」ことを前提に、伝え方の工夫をしてちょうどいいくらいです。相手の頭の中に伝えたいことが入り、要望が受け入れられる状態にするためには、文字情報を工夫して、聞く負担をやわらげましょう。

そのときに使うのが、**たとえ話**です。たとえ話は、**短い言葉でも、瞬時に聞き手の頭の中でイメージが湧きます**。特に難しい話の場合は、相手が体験してきた例を使うと、イメージが鮮明になり、わかりやすく伝わります。

たとえ話に変換するトレーニング

「文字情報（ロジカルさ）より、相手の頭の中に映像（たとえ話）を流すつもり」、これが指針です。左ページの図のⒶとⒷの文章を比較すると、（相手がスターバックスコーヒーに行ったことがあることが前提ですが）Ⓑの文章が強く印象に残るのではないでしょうか？

では、ここで問題です。以下の文章を、たとえ話を使って簡潔に表現してください。

「1000万円を超す借金残高なのに、さらに借金が必要で、引き続き厳しい家計状況だ」

この「状況」を他の言葉で表現するなら、あなたはどうしますか？　回答として、「火の車」「自転車操業」「底なし沼」などが考えられるでしょう。

このように、簡潔でイメージしやすい言葉に変換していきます。そのためには、日ごろから表現を変換する習慣をつけておく必要があります。ノートを使って芸人のようにネタ帳を作り、ボキャブラリーを増やしつつ、話す内容を自己添削するのです。

ノートの書き方はシンプルで、中央に縦の補助線を1本引いて、左右2分割します。

左側には、難しい表現や長くてインパクトが弱い表現で、「ここはもっと強調したい」部分を書き出します。

右側には、「たとえ話に変換するなら？」を考えて、たとえ話の変換候補をリストアップします。候補が思いつかないときは、他人の知恵を借りてもいいでしょう。

たとえ話は、頭の中だけで考えてもすぐには出てきませんので、日ごろからノートに書き出す習慣をつけることが上達の秘訣です。

ロジカルに整理すると、意味は通じて説得力が上がります。しかし、説得力が上がっても、相手の共感を得られるかは別のこと。人の感情は理屈では動きませんし、理屈だけでは理解が進みません。意味的にも感覚的にも、刺さる表現が必要なのです。

論理（ロジカル）と感覚（イメージ）の二刀流で、左脳（論理をつかさどる脳）と右脳（感覚をつかさどる脳）に刺さるような伝え方を心がけてください。

CHAPTER 6
勝利をたぐり寄せる「プレゼンノート」

「ネタ帳ノート」の書き方

タイトル 「他の表現に言い換えるなら？」

〈言いたいこと〉	〈たとえ話〉
● 難しいことでも間違えないようにする正確さ	● 小さな穴に針を通す精密機械のような正確さ
◆ デジタルとアナログの両方を使いこなす	◆ 大谷翔平のように二刀流を使いこなす
■ 約45,000平方メートルのサイズ	■ 東京ドーム1個分ほどの大きさ
難しい表現や長くてインパクトが弱い表現で、「ここはもっと強調したい」部分を書き出す	「たとえ話に変換するなら？」を考えて、たとえ話の変換候補をリストアップする

たとえ話は頭の中で考えてもすぐには出てこないので、日ごろからノートに書き出す習慣をつけること

CHAPTER 6
勝利をたぐり寄せる「プレゼンノート」

戦略ノート

- プレゼンで成果を得る人は、資料作りの前にしっかりとノートの上で戦略を練る。
- 戦略とは、「明確なGoal設定」と「誰に、何を、どのように伝えるか？」。
- プレゼン前のノートで、勝負の9割は決まる！

キャッチフレーズノート

- ノート上で戦略を立て終わったら、次は「伝えるべき内容」を整理する。
- 簡潔でも全体像がつかめて、重要な点が理解できる一言が大切。
- 「要するに○○」「一言で言うと○○」と、簡潔に語れる"自主練"をする。

ロジカルノート

- ロジカルとは、「話の筋道が整理されていて、意味が通じる状態」のこと。
- ロジカルに整理することで説得力が生まれ、言葉に重みが出る。
- ロジカルな伝え方を一度習得すれば、一生のスキルになる。

シナリオ強化ノート

- キレイに整理しただけでは、印象には残らない。
- 強調のアレンジをすることで、はじめて"使えるロジカルプレゼン"に変わる。
- アレンジ方法は、主に「具体化法」「比較法」「メリット／デメリット法」の3つ。

ネタ帳ノート

- すべらない話をするために、「たとえ話」（比喩）を入れる。
- たとえ話は、短い言葉でも、瞬時に聞き手の頭の中でイメージが湧く。
- 「ネタ帳ノート」で、簡潔でイメージしやすい言葉に変換する習慣をつける。

CHAPTER

7

インプットを
成果に変える
「アウトプットノート」

*Just one notebook makes you
ten times smarter.*

CHAPTER 7

33 インプット内容は「いかに捨てるか」の勝負

有益なアウトプットをするために

これだけ多くの情報が飛び交う現在、ただキレイに情報を並び替えて記録することに意味はありません。放っておくと、情報に飲み込まれ、何が重要かを見失うリスクもあります。

やみくもに記録するだけでは、使えない情報（ノイズ）も混在してしまいます。**本当に必要な情報だけを活用するには、「不要な情報を捨てること」を目的にノートを使います。**

これまで、ノート上で整理するための「型」をたくさん紹介してきました。漫然と記録するのではなく、情報の取捨選択を行い、大切な情報を浮き彫りにするための型です。

これは部屋の片づけに似ています。例えば衣替えの時期に、すべての衣類を1つの場所に押し込む人は少ないでしょう。夏物や冬物などに分けて片づけますよね。その際に、「この服はまだ着るかな？　もう流行遅れだし、捨てようかな？」などと考えた経験はありませんか？

ノートも同じです。**線を引いて分割することで、「いる情報／いらない情報」に分別でき、アウトプットの際に活用しやすくなります。**

ただ、ノートに記録することが目的にならないように注意しましょう。「もれなくノートに書いておこう」という意識が強すぎて、肝心のアウトプットができなければ意味がありません。

ノートをとる最終目的かつ最大の価値は、仕事の場合なら、**「情報を整理して、有益なアウトプットをするため」**です。しかし、多くの人が「ノートをとって記録（インプット）する」ことを意識しがちです。

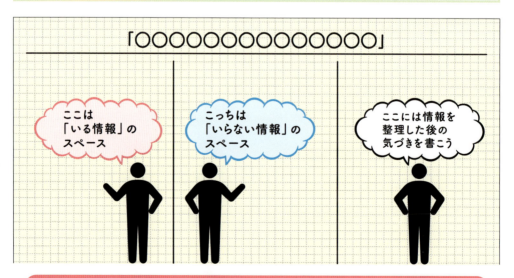

ノートに線を引いて分割することで、情報を分別できる

「〇〇〇〇〇〇〇〇〇〇〇〇〇〇〇」

ここは「いる情報」のスペース
こっちは「いらない情報」のスペース
ここには情報を整理した後の気づきを書こう

情報を明確に分別できて、アウトプットの際に活用しやすくなる

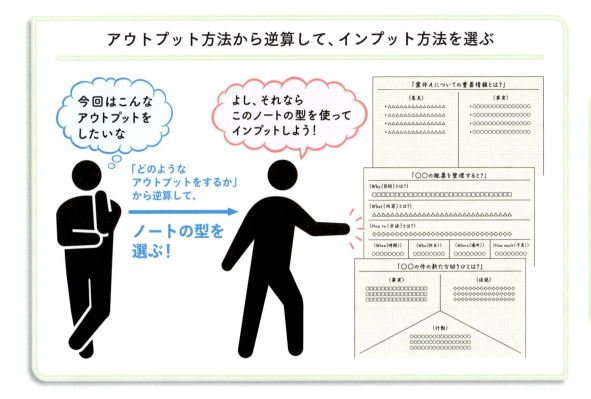

インプットだけのノートに価値はない

　私が中学3年生のときの話です。A君は先生の話を聞き漏らすまいと、すべてを網羅する勢いで見た目もキレイなノートをとっていました。

　一方、B君のノートは、驚くほど情報が少なかったのです。B君が聞き漏らしたわけではなく、情報が少なく見えたのは、有益な情報だけに絞り込んでいたから。しかもB君は、さらに自分なりの見解も書き込んでいました。

　ちなみにB君の成績はクラストップ、A君の成績は下位と差がついていました。

　ノートをとることに専念するインプット重視型の人は、いくつかのタイプがあるようです。

　1つは「いつか使うかもしれない」「とりあえず」書いておくタイプです。ノートに書かないと、「後日、もしその情報を使うことがあったら、何もできなくなってしまう」という恐怖心を持っています。

　もう1つは、書く行為そのものに充実感を得るタイプです。インプットすると、知識が身について知識欲が満たされるので、賢くなった気分になります。また、すべてを書くことで仕事や学習が進んでいるように見えるため、それだけで気持ちよく感じてしまうのです。

　こうして、インプット重視型の人は、「あれもこれも」と書くうちに有益な情報が埋没し、アウトプットがしにくくなっていくのです。

　繰り返しますが、ノートをとることは目的ではなく、「情報を整理し、有益なアウトプットをするため」です。「どのようなアウトプットをするか」から逆算してノートの型を作り、型にあったインプットを行う。これが正しいノートの使い方になります。

　劇作家の井上ひさしさんの言葉で、とても好きな言葉があります。

　「難しいことを、やさしく」「やさしいことを、深く」「深いことを、おもしろく」

　ノートをとるときも、この視点が求められます。難しいことをそのまますべて書くのではなく、情報をそぎ落として、やさしく理解しやすいように書きます。そして、残った情報を深く掘り下げて思考し、有益なアウトプットに変えていくのです。

CHAPTER 7

34 結局、これが最強の整理術！「5W1Hノート」

「5W1Hノート」の書き方

「5W2H」の場合

| タイトル | 「人材教育プランの概要を整理すると?」 | 社内会議の内容をインプット |

〈Why（目的）とは?〉 　必ず「Why（なぜ?：目的）」から書くこと
スキルを高めることに加え、受講生同士のチームワークを養成すること

〈What（内容）とは?〉
コミュニケーション研修を実施（コーチングやモチベーションアップに重点）

〈How to（方法）とは?〉
業界の第一人者を講師に起用し対面式でグループワークやロープレを主体としたカリキュラムにする

〈When（時期）〉	〈Who（担当）〉	〈Where（場所）〉	〈How much（予算）〉
4/10、4/11 10時〜16時	営業部A課長 人事部B係長が担当 受講生は 主任クラス20名が対象	第一会議室を利用 遠方の拠点参加者には リモートでの中継も実施	予算は150万円

「Why（なぜ?：目的）」から書けば、それ以外の順番は5W1Hの通りでなくてもOK

「今さら5W1H？」は大きな間違い

5W1Hとは、「Why（なぜ?：目的）、What（何を?：内容）、When（いつ?：時期・期限）Who（誰が?：人、担当）、Where（どこで?：場所）、How to（どのように?：方法）」の英語の頭文字をとったものです。「How much（いくらで?：コスト）」や「How many（どれくらい?：量）」を加えて、「5W2H」「5W3H」と呼ぶこともあります。

5W1Hは、仕事に（仕事以外でも使える）必要な要素がモレなくダブリなく入っているため、ノートを線で区切って順番に埋めていけば、**ムダな情報をそぎ落として見える化ができます。**また、過不足のチェックもできる**有益な思考の整理用フレームワーク**です。新入社員研修で学

ぶ人も多いため、「今さら5W1H？」と思うかもしれませんが、軽視してはいけません。

ノートにシンプルにインプットする際は、**常に5W1H思考で情報を整理することで、情報のモレやダブリを防げます。**また、メールの連絡などのアウトプットの際は、**5W1Hの6つを箇条書きにする**こともあります。シンプルでも必要な要素が織り込まれているため、ミスがなく全体を網羅でき、お互いに次の行動を考えやすくなるからです。

5W1Hを使うときには、この順番通りにノートに書く必要はありません。私は、一番重要な要素である「Why（なぜ?：目的）」「What（何を?：内容）」「How to（どのように?：方法）」をベスト3に置きます。全体を網羅でき、中核をなす項目だからです。他の要素は付属情報と

して扱います。こうすることで、何が一番重要な情報なのかの中心軸が見えてきます。

ポイントは、必ず「Why（なぜ？：目的）」から書くこと。ここを起点に整理することで、「何のため」に行う仕事なのかを明確にします。プロジェクトなら参加者全員の動機づけにもなり、迷ったときに立ち返る原点にもなります。

ノート上の5W1Hは、6人の秘書

最近、仕事術に関心がある方や、MBAなどのビジネスへの意識が高い方が "フレームワーク疲れ" していることをよく見かけます。

フレームワークは一定のパターンを覚えておくと、ノート上でも情報や考えを瞬時に整理できて便利です。「3C」「4P」「5F」「SWOT」などを聞いたことがあると思いますが、特にビジネスの展開を考える際や、発想を広げたり整理する際に有効です。しかし、パターンを覚えるのも大変なのに、どこでどう使えばいいのかわかりづらいことが難点です。

フレームワークを1つだけおすすめするなら、目新しさはなくても、やはり "定番" の5W1Hです。情報や思考の整理にとどまらず、戦略の検討や、ビジネス事例の読み解きまで、応用範囲はとても幅広いものです。

あなたが、個性的でデザイン性が高いと評判の新商品のタンスを買ったとしましょう。でも買ってみると、「靴下など小物が入らない、仕分けがしにくい」など、見た目はよくても機能的でなければ、結局使えなくなってしまいます。機能性まで考えるなら、見た目は普通でも使い勝手のいい定番を買ったほうがいい。

つまり定番は、長きにわたって効果があるから定番になっているわけです。新しく、習得が難しいノウハウばかり追い求めずに、迷ったら定番に戻ることも大切です。

また、ノウハウは、知っていることと実際に使うことは別物です。5W1Hの方法をインプットしても、実際に使わない限り、本当の学びにはならないのです。

特定のテーマを持たずに、単純にインプットをするだけの場合や思考を整理したいときは、定番の5W1Hを使ってみること。ノート上の5W1Hは、6人の秘書を持つようなものなのです。

"定番" の5W1Hは、やっぱり強い！

5W1Hは盤石の強さ！

情報や思考の整理だけでなく、戦略の検討やビジネス事例の読み書きまで！

応用範囲がとても幅広いフレームワークだ！

隙が見当たらない…これは強いな…

フレームワークを1つだけおすすめするなら、「5W1H」！

CHAPTER 7

35 事実と意見は切り分けろ！「ファクトノート」

「事実」か「意見」かを見極めるには

人の話やインプットした情報をノートに書く際に難しいのは、その話が「客観的なのか、主観的なのか」の見分けがつきにくいことです。

特に仕事では、憶測だけで物事を進めてしまうと成果が出ることはなく、むしろトラブルになることもあります。客観的な「事実」なのか、単に主観的な「意見」なのかを見分ける必要があるのです。

情報を瞬時に聞いて、頭の中で自動仕分けすることは、よほど慣れていないとできません。そこで、ノートに書くときは、事前に「事実」と「意見」に2分割して書き分けていくと、スムーズに見極めができます。

以前、あるクライアント先でこんな光景を目にしました。

私とやり取りする社員に向かって、「キミの部署の会議は長すぎるのでは？　会議室がいつもいっぱいで我々の予約ができないじゃないか！」と別の部署のDさんが憤慨していたのです。

いつも会議に同席している私は、「おかしいな。同席する会議は、会社の中でも1、2を争うくらい短い時間なのに」と思ったので、担当者に助け舟を出しました。Dさんに「長すぎるとのことですが、いつも会議時間がどれくらいなのか、事実ベースで確認されていますでしょうか？」と恐る恐る聞いてみると……、やはり事実を確認しているわけではありませんでした。実は、社内でも有名な長時間会議の他部署と勘違いしていたのです。

このように、私たちの周りには、「事実」（客

「ファクトノート」の書き方

タイトル 「案件Aについての重要情報とは？」

〈意見〉 ⟷ 〈事実〉

①新商品Xは評価がとても高い

②当社はかなり低コスト運営のはず

③主力商品のYは結構売れている

①実際は、顧客満足度調査では競合よりも10%評価が低かった

②競合他社BとCに比較すると、2%コストが低い

③実際は、前年度と比較して0成長のまま

ノートを2分割する補助線を引き、左側に「意見」、右側に「事実」を書き分けていくだけと、書き方はとてもシンプル

客観的かどうかを見分けるには……

「こっちは主観的意見だな」　「これらは客観的事実だ！」

| 顧客の評価が高い | A社からの評価が業界平均より40％高い |
| かなり速い | 1分以内で |

「固有名詞や数値」で語られていると、客観的事実の可能性が高い

観的）と「意見」（主観的）の混在が普通に起きていて、それがストレスを抱えてしまう原因にもなります。

事実を意見を仕分けをノートで行う

また、別のクライアントに訪問したときには、営業会議でこのような場面がありました。

ある担当者が、「先日、A社に提案に行ったのですが、先方の予算が今期はかなり厳しいようで、当分の間、発注できないようです」と報告しました。

しかしこれだけでは、担当者の個人的な意見として話しているのか、それとも事実情報に基づいている話しているのかがわかりません。客観性を担保するには、「『予算がかなり厳しい』とはいくらくらいなのか」「誰が発言したのか」「『当分の間』とはいつまでのことなのか」などを、情報として得ておかなければなりません。

つまり、客観的かどうかを見分けるには、先述した「5W1H」が整理されているか、それらは「固有名詞や数値」で語られているか、などを確認しなければならないのです。

例えば、「かなり速い」なら「1分以内で」、「顧客の評価が高い」なら「A社からの評価が業界平均より40％高い」のようにです。ただ、数字で表現されていたものがすべて事実とは限りません。引用元が間違っていた、フェイク情報だった、ということもあるので注意しましょう。

事実情報が大事とはいっても、実際の組織では、"偉い人"が言ったことは単なる意見なのに、それが「既成事実」としてできあがっていく空気感もあります。そこで、「誰が言っているかより、何を言っているか」「それは単なる意見なのか、事実なのか」に着目してノートをとるようにしてください。

また日常生活でも、ネットやテレビニュースからの情報には気をつけたいものです。何が事実情報か、何がメディアやコメンテーターの個人的な意見なのかを切り分けてインプットすることが、ノイズやフェイク情報に振り回されないコツとなります。

事実が何か見極めが難しい"情報洪水"の時代だからこそ、ノートを使って事実と意見を切り分ける思考の習慣を身につけましょう。

CHAPTER 7

36 会議内容を成果につなげる「サイクルノート」

会議内容を使えるアウトプットに変換

「会議や打ち合わせで、どのようにノートをとればいいのですか？」と質問されることがあります。結論は、会議の目的で異なります。

単に報告や情報共有の「正しく情報が伝わること」が目的で、会議の議事録として整理するなら、5W1Hの枠組みが使えます。モレなくダブリなく、情報を詰め込めます。

しかし「新たな取り組みについて決めること」や「新たにアイデアを考えること」が目的の場合、いきなり5W1Hの6項目に当てはめると、細かすぎて発想の自由度が少なくなります。そこでシンプルに、「事実・仮説・行動」の3点セットで構成していきます。

「事実」とは、固有名詞や数値で語れ、基本的にはエビデンス（証拠・証明）がある情報のことです。「○○調べによると、60歳以上の77％の人がスマホを利用している」などです。

「仮説」とは、事実情報から導き出す新たなアイデアのことです。「シニア向けのアプリがこれから成長期に入る」や「シニアのスマホによるEC比率が高まる」などと、独自に考えます。

検証していないアイデアのため、この段階では実現性にこだわりすぎずに書き込みます。仮説とは「仮」の「説」のため、アイデアの質よりも量を優先しましょう。

「行動」とは、「このまま進めてもいいものなのか、仮説をどう実現するか」などの検証をするための「行動内容をリストアップ」することです。「○月までに○件、ユーザーにヒアリング調査をする」「仮サイトを作ってアクセス解析をす

る」「先行企業の勉強会を行う」などです。

　事実情報のインプットだけでは、アイデアは出ません。かといって、アイデアだけだと事実情報がないため、単なる空想に終わります。行動策を考えなければ、物事は進みません。

　この３点セットによって、相互に補完しながら、会議や打ち合わせ内容を単なるインプットから使えるアウトプットに変換できるのです。

「事実・仮説・行動」を循環させる

　ノートは３分割して使います。「事実」欄を見ながら、「仮説」欄に新たなアイデアを考えて書き込みます。最後に「行動」欄に次にやるべきことを書き出します。これを１サイクルとして、循環させていきます。ポイントは２つです。

　１つ目は、「仮説」欄の書き込みは、「自由に考え、実現性はいったん無視」をポリシーにすること。これまでの延長線上で物事を考え、「できること」だけをやっていても新規性はありませんし、進歩しません。

　誰かが仮説を立ててチャレンジしてきたからこそ、AIで便利な社会ができ、遺伝子治療でさまざまな病気が治る確率が上がってきました。「今の」実現性だけで仮説を考えては、何の進歩もありません。また、「今は」実現性が低くても、あとから「人、金、時間」を確保すれば、実現性がグンと高まることもあります。

　２つ目は、「行動」欄まで必ず書き込むこと。多くの会議では、結論を出すことに終始して、次の行動まで考えない（考える余力や時間が残っていない）ことが多くあります。会議の目的は「結論を出すこと」ではなく、「次の行動につながるキッカケを作ること」です。会議に限らず、商談においても、次にどう動くかまで決めてゴールに到達と言えるのです。

　行動してもうまくいかないこともありますが、行動策を明確にすれば、同時に「何をやればうまくいくのか、あるいは失敗するのか」が明確になります。行動で得る生きた「事実」情報を使って、また新たな仮説を立てるのです。

　「事実・仮説・行動」の３点セットでノートをとることは、それぞれを循環させて、新たなチャレンジの実現精度を上げていく"特効薬"となります。

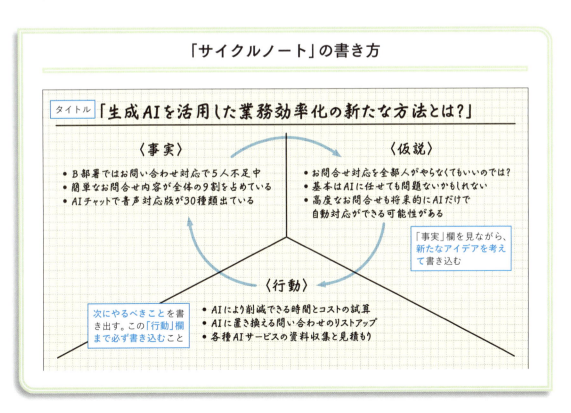

「サイクルノート」の書き方

CHAPTER 7

37 読みっぱなしにしないための「読書ノート」

ノートで読書の効果を上げる

私は9年ほど前から、読書会を主宰しています。読書好きな人がおすすめする本を自由にプレゼンし、意見交換する会です。長く継続していると、気づくことがありました。

それは、「アウトプットすることを決めてから、インプット（読書）する」と、記憶に定着しやすく、仕事や人生に活きてくることです。気づいてからは、「どのように読んだ本を整理すれば、本の魅力が伝わるだろうか？」をよく考え、事前にノートで整理するようになりました。

内容をダラダラとまとめても、ただ話が長くなるだけで魅力は伝わらないため、整理するポイントを「①その本を選んだ理由＝Why」「②おすすめポイントの概略3つ（サマリー）＝What」「③どう活かすか？＝How」の3つに絞り込みました。

「Why」「What」「How」で整理する

タイトルと著者プロフィールを書いたら、「①Why」「②What」「③How」の順番で書きます。この順番が大切で、Whyからはじめる「3ステップ式整理法」で整理します。

「その本を選んだ理由（Why）」は、本を購入した動機です。本を見つけたキッカケより、「なぜこのタイミングですすめたいのか」を中心に書きます。自分の現状や心境などと密接にかかわっており、内省にもつながるからです。

例えば、父を亡くし、人の死とどう向き合えばいいのか、心が不安定だったときは、『おもかげ復元師』（笹原留似子著・ポプラ文庫）を選び

「読書ノート」の書き方

〈書籍タイトル〉仕事は1冊のノートで10倍差がつく　　〈著者名〉鈴木進介

〈選書理由（Why）〉　　［「なぜこのタイミングですすめたいのか」を中心に書く］
仕事上でインプットした内容をノートで記録しているが、うまく整理できずに困っている時だった

〈サマリー（What）〉オススメ箇所BEST3　　［ルールを決めて3色に色分けすると、より記憶に残る］

①
ノートを手書きで書くことにより脳内が自然と整理されていく効果がある

②
キレイにノートをまとめるコツは補助線を引いて分割するだけで整理ができること

③
キャリア構築ノートの箇所で自分を3つの視点で客観視できること

［「著者が一番伝えたいであろうこと」「直感的にいいね！と思ったところ」「何かに活かせそうな学びが多いところ」がおすすめポイントの基準］

〈活用法（How）〉どう活用する？
まずは明日、新しいノートを1冊つくって自分のキャリア構築ノートを週末に1度書いてみる。　　［1つでも行動できるものがないかを考えてリストアップする］

読書内容を行動に変えることで効果が倍増！

例えば、投資に関する本の内容が

「投資先のポイントは『競争優位性・付加価値・長期潮流』に合致する企業かどうかが大事」だったら…

〈活用法（How）〉どう活用する？
3つの条件に当てはまる企業を会社四季報から探して、
5社を目標にリストアップする

よし、
5社を目標に
リストアップだ

と書き込んで、実際に行動！

読書内容を行動に変えることで
自分の経験や体験につなげれば、
読書の効果は倍増！

ました。納棺士のノンフィクションで、はじめて"死"を考えるいいきっかけとなりました。

選書の動機を振り返ると、自分がどのような状況や心境なのかを省みることになり、どう考えて、何を学びに変えるのかを整理できます。

次は「おすすめポイントの概略3つ（What）」。3つの理由は、1つでは物足りないし、良い本が多いと絞り込むのが難しいからです。多角的に自分の肥やしになることをリストアップし、簡潔に整理ができる3つとしました。

おすすめポイントの基準は、「著者が一番伝えたいであろうこと」「直感的にいいね！と思ったところ」「何かに活かせそうな学びが多いところ」です。これらはルールを決めて3色に色分けすると、より記憶に鮮明に残ります。

注意点は、ダラダラと長文で書き出さないこと。「要するに」で簡潔に伝えられるようにし、「140文字以内」（SNSのXの文字数制限と同じ）で書きます。誰もがすぐに内容を理解できる文字量のため、長文より記憶に残ります。

最後に、「どう活かすか？（How）」です。単なる読書に、次の行動まで考えなくてもいいだ

ろうと思う人もいるでしょう。しかし私の場合、特に実用書（小説以外）を読んだときは、人生や仕事の肥やしにするべく、1つでも行動できるものがないかを考えてリストアップします。前項の「仮説➡行動」と同じ考え方です。

例えば、投資に関する本の内容が「投資先のポイントは『競争優位性・付加価値・長期潮流』に合致する企業かどうかが大事」だったら、「3つの条件に当てはまる企業を会社四季報から探して、5社を目標にリストアップする」などと箇条書きにします。

実際に読書内容を行動に変えることで、自分の経験や体験につなげれば、頭への記憶どころか、身体にとっても"血となり肉となる"ため、効果は倍増します。

ただ楽しむだけの読書も好きですが、ノートを使えば、「人生を変えることすら可能になる読書」も楽しめると考えています。

ノートへのアウトプット方法を決めてから、主体的にインプットすること。これが読みっぱなしで終わらない、"使える3段階ノート式読書術"となります。

CHAPTER 7
インプットを成果に変える「アウトプットノート」

まとめ

> 本当に必要な情報だけを活用するには、
> 「不要な情報を捨てること」を目的にノートを使う。

> 「どのようなアウトプットをするか」から逆算してノートの型を作り、
> 型にあったインプットを行うのが、正しいノートの使い方。

5W1Hノート
- 5W1Hは、応用範囲がとても幅広い有益な思考の整理用フレームワーク。
- 5W1Hはよく知られている定番だが、定番ならではの盤石の強さがある。
- 5W1H思考のノートで情報を整理することで、情報のモレやダブリを防げる。

ファクトノート
- 私たちの周りには、「事実」(客観的)と「意見」(主観的)の混在が普通に起きている。
- 情報をノートに書く際は、「事実」なのか、「意見」なのかを見分ける必要がある。
- 「ファクトノート」を使えば、事実と意見を切り分ける思考の習慣が身につく。

サイクルノート
- 会議内容をノートに記録する際は、「事実・仮説・行動」の3点セットで構成する。
- 「事実」欄を見ながら、「仮説」欄に新たなアイデアを考えて書き込む。
- 最後に「行動」欄に次にやるべきことを書き出し、1サイクルとして循環させる。

読書ノート
- 読書は「アウトプットすることを決めてから、インプット(読書)する」がおすすめ。
- 読書内容が記憶に定着しやすく、仕事や人生にも活用できるようになる。
- 「①Why」「②What」「③How」の順番でノートに整理するのがポイント。

おわりに

私を救ってくれたのは、ノートだった

ここまでお読みいただき、本当にありがとうございました。

本書が誕生したきっかけは、のちに私の担当となる、明日香出版社の編集者さんからの1通のメールでした。

〈日々の生活や仕事で起きた問題を、スムーズに整理して、解決できるようなノート術の本を執筆しませんか？〉

とてもありがたいオファーでしたが、私はお引き受けするかを悩みに悩みました。この1か月ほど前に、悲しいできごとがあり、精神的に安定しない状態だったからです。

実は私の父が癌を患い、発覚から1年経たずして天国へと旅立っていったのです。その直後は激しく動揺し、頭の中は混乱を極め、何も手につかない日々。それから1か月間は、ひとまず自分を落ち着けるためにノートを開いて、思いの丈をすべて見える化していきました。

嘆いても悲しんでも「死」という一番重い現実を変えることはできません。

「今この瞬間、自分でコントロールできることは何があるだろうか？」

無心になってノートに書き殴りました。これまで悪戦苦闘して培ってきた方法論で、脳内を整理していったのです。まさに、この瞬間のために培ってきたメソッドのように。

それからというもの、ノートのおかげで少しずつ立ち直り、少しずつ平静さを取り戻していくようになりました。執筆オファーのメールをいただいたのは、そんなときでした。

しかし、平静さを取り戻しつつあったといっても、人のために何か力になれるほど、まだ自分にはゆとりがありません。そこで、これまでを振り返ってみることにしました。

「この1か月、自身が培ってきたノートによる脳内整理法で、自分自身を悲しみの底から救えたんじゃないか！」。私は、ハッと気づきました。それなら、他の人とも方法論を共有できるかもしれない。いや、ぜひ生活や仕事で整理がつかず行き詰まっている人がいるならば、きっと救えるに違いない。

気持ちは即座に晴れ渡り、執筆の決意と覚悟に切り替わっていった4年前のことを、昨日のことのように覚えています。

もしあのとき、ノートを開き、立ち直ることができていなかったら、本書は誕生していなかったでしょう。そして何より、あなたとのご縁も築くこともできなかったでしょう。

あなたにも、この先、仕事の場面であっても頭を激しく混乱させるようなできごとが起こるかもしれません。将来のことや、目の前の環境の激変に不安を覚えることもあるでしょう。

そんなとき、本書とノートを開き、絶望の中にも希望を見出すきっかけができれば、この上なく嬉しいです。

本書を通じてあなたとご縁をいただいたことに心から感謝します。

またいつか、お会いできる日も楽しみにしております。

ありがとうございました。

2024年11月　鈴木 進介

PROFILE 鈴木 進介 Sinsuke Suzuki

思考の整理家®
1974年生まれ。株式会社コンパス 代表取締役。現在は「思考の整理術」を使った独自の手法で人材育成トレーナーおよびコンサルタントとして活動中。大学卒業後、IT系企業や商社を経て25歳で起業。
思考を整理すれば問題の9割が解決していることに気づき、思考の整理術に開眼、独自にノウハウを体系化。難しい問題を優しく解きほぐす「思考の整理術」は、フリーランスや起業家、東証一部上場企業まで幅広く支持され、コンサルティング実績は100社以上、研修や講演は年間150日以上登壇、セミナー受講者数は累計3万人を超す。

特に「思考の整理ノート」メソッドは、経営者の意思決定支援や次世代リーダーの育成で圧倒的な支持を得ている。
また、ラジオ、テレビ出演を果たした他、執筆活動にも力を入れ、著書に『1分で頭の中を片づける技術』(あさ出版)、『仕事は1冊のノートで10倍差がつく』(明日香出版社)など14冊・累計15万部以上の実績を持つ。

● 著者ホームページ
https://www.suzukishinsuke.com/

← メールマガジンの登録はこちらから

〈図解〉 仕事は1冊のノートで10倍差がつく

2024年11月14日 初版発行

著者　　鈴木進介
発行者　石野栄一
発売　　明日香出版社
　　　　〒112-0005 東京都文京区水道2-11-5
　　　　電話 03-5395-7650
　　　　https://www.asuka-g.co.jp

印刷・製本　　シナノ印刷株式会社

©Sinsuke Suzuki 2024 Printed in Japan
ISBN 978-4-7569-2368-4
落丁・乱丁本はお取り替えいたします。
内容に関するお問い合わせは弊社ホームページ (QRコード) からお願いいたします。